继承法
与农民生活

王雅霖◎编著

甘肃文化出版社

编委会

顾　　　问：罗笑虎　郝洪涛
主　　　任：张余胜　杨景海
委　　　员：李玉政　汪晓军　袁爱华　赵　莉
　　　　　　文斌虎　罗和平　梁　辉　卢旺存
　　　　　　刘　伟　邢　玮　雷建宏　相连生
　　　　　　李功国　刘志坚　马玉祥　江合宁
　　　　　　刘晓霞　傅连宴　谢国西　管卫中
　　　　　　车满宝　王　奕　温雅莉
总　主　编：张余胜　杨景海
副总主编：袁爱华　相连生
总　策　划：谢国西　李功国
执行主编：李功国　谢国西
执行副主编：管卫中　车满宝
执行编辑：郧军涛　周乾隆

总　序

中共甘肃省委常委
甘肃省委政法委书记　罗笑虎
甘肃省法学会会长

《农家书屋文库·法律系列》是一套为农民所写、为农民服务的法律丛书。这套丛书的出版发行，是我省积极响应国家"农家书屋"工程、推动全省农村法治建设的一项重要举措，也是法律和法学工作者创新普法载体、积极为"三农"服务的一个新尝试。

依法治国是党领导人民治理国家的基本方略，也是社会主义民主政治的基本要求。法治是需要法治基础的，这个基础包括法律知识的普及和法律思想的培养。历史经验反复证明，法治之舟，唯有获得人民群众的广泛参与，才能不断破浪前行；法治之树，唯有人民群众的热情浇灌，才能根深叶茂。特别是在我们这样一个农民占绝大多数的国度，能否有效地在农村普及法律知识、增强农民的法律素质和法律意识，很大程度上影响着依法治国的进程。而要真正增强农民的法律素质和法律意识，就必须不断创新法制宣传教育的方式和载体。正是基于这样的考虑，这套面向全国发行、总共60部、近千万字的法律丛书，始终坚持紧密结合农民生活实际的编辑原则，以一事一议、一问一答、以案说理的形式编辑，力求用农民朋友熟悉的语言、身边的事情来宣传法律知识、普及法律知识。这套丛书分为法理、宪法、行政法、民法、商法、婚姻法、经济法、刑法、生态环境与自然资源法、知识产权法、社会法、诉讼法等十二个门类，涵盖了农村经济、政治、文化、社会、生态建设等诸多领域的法律问题。出版后将由政府采购，分送全省农家书屋，相信会受到广大农民读者的欢迎与喜爱。

这套丛书的编辑出版，凝聚着各个方面的心血。中国法学会会长韩杼滨同志专门委派有关同志来我省调研指导，甘肃省法学会、甘肃省新闻出版局和甘肃文化出版社等单位做了大量富有成效的工作。各位作者来自省内高等院校、科研机构、党政机关和政法部门，他们编写这套丛书大多都是利用业余时间进行的，充分体现了他们高度的社会责任感和对农民朋友的深情厚意。在此我谨向所有为这套丛书提供支持帮助的单位和付出辛勤劳动的作者编辑深致谢意！

2009年5月

前 言

农民是我国十三亿人口中最为庞大的一个群体，他们为人类的发展、社会的进步、国家的繁荣作出了巨大贡献。但由于他们中绝大多数受教育程度低，所以是法律意识和法律知识最为薄弱一个群体。如何合法地继承遗产，如何保护自己在继承方面的合法权益，是很多农民朋友都想了解的。希望看到这本书的农民朋友在遇到遗产继承方面的纠纷时，能真正从书中找到对自己有帮助的答案。也希望这本书能为农村法制建设添一块砖、加一片瓦。

在本书写作的过程中，我参考了各方面的相关书籍，比如王蓉同志编著的《遗产继承法律问题指南》，《国家司法考试辅导用书》（民法部分），李霞同志主编的《婚姻家庭继承法学》，杨遂全同志主编的《亲属与继承法论》，郭明瑞、房绍坤、关涛同志所著的《继承法研究》等。本书收集了网络上的很多案例。收集案例的过程中，兰州大学法学院的丁宬、翟娜、曾成、邓文彬、马艳洁同学给了我很大的帮助。在此，对上述作者、网站工作人员以及帮助我收集案例的同志表示最衷心的感谢！

人人有生死，处处遇继承。农民朋友们，在碰到遗产继承纠纷时，请拿起法律武器保障您的合法权益！

目 录

第一章 继承法基础知识 ……………………………………（1）
 1. 什么是继承法?………………………………………（1）
 2. 继承法的基本原则是什么?…………………………（2）
 3. 什么是继承?…………………………………………（4）
 4. 什么是被继承人和继承人?…………………………（6）
 5. 继承什么时候开始?…………………………………（7）
 6. 相互有继承关系的人在同一事件中死亡应该如何继承
  遗产?………………………………………………（10）
 7. 被宣告死亡的人还活着时,已经发生的继承应该如何
  处理?………………………………………………（10）
 8. 继承遗产的地点在哪里?……………………………（12）
 9. 继承人如何知道继承开始了?………………………（13）
 10. 什么是继承权?……………………………………（14）
 11. 农村妇女和女孩能不能继承遗产?………………（16）
 12. 完全民事行为能力人能不能继承遗产?…………（18）
 13. 限制民事行为能力人能不能继承遗产?…………（18）
 14. 无民事行为能力人能不能继承遗产?……………（19）
 15. 谁是限制民事行为能力人和无民事行为能力人的继
  承权、受遗赠权的法定代理人?…………………（20）
 16. 遗腹子能不能继承遗产?…………………………（21）

17. 怎样取得继承权？ …………………………………（22）
18. 继承人能不能放弃继承遗产？ ……………………（24）
19. 哪些行为会使继承人丧失继承权？ ………………（25）
20. 怎样保护受到侵害的继承权？ ……………………（29）
21. 继承权被侵害时，继承人在多长时间内可以上告法院？
 …………………………………………………………（30）
22. 继承的方式有哪些？ ………………………………（33）

第二章　法定继承 …………………………………………（37）

1. 什么是法定继承？ ……………………………………（37）
2. 什么情况下适用法定继承？ …………………………（37）
3. 哪些人是法定继承人？ ………………………………（39）
4. 未婚同居的人能不能互为法定继承人？ ……………（43）
5. 有配偶者与他人同居，该人以及其同居人能不能互为法定继承人？ …………………………………………（44）
6. 曾经是合法夫妻但离婚的人能不能互为法定继承人？
 …………………………………………………………（44）
7. 法定继承人按照什么顺序继承？ ……………………（45）
8. 继子女与继父母能不能相互继承遗产？继子女能不能继承生父母的遗产？ …………………………………（46）
9. 养父母与养子女之间能不能互相继承遗产？养子女能不能继承生父母的遗产？ …………………………（49）
10. 被收养人与其亲兄弟姐妹之间能不能互为继承人？
 …………………………………………………………（52）
11. 有扶养关系的继兄弟姐妹之间能不能互为继承人？
 …………………………………………………………（53）
12. 旧社会形成的一夫多妻家庭中的子女能不能继承生母以外父亲的其他妻子的遗产？ ……………………（54）
13. 什么是代位继承？ …………………………………（57）
14. 什么条件下才能代位继承？ ………………………（59）

15. 哪些人可以代位继承? ………………………………（60）
16. 什么是转继承? ………………………………………（62）
17. 代位继承和转继承有什么不同? ……………………（64）
18. 法定继承中怎样确定同一顺序的法定继承人应分得
    多少? ………………………………………………（66）
19. 没有扶养被继承人会影响继承吗? …………………（67）
20. 能不能给法定继承人以外的人分配遗产? …………（68）
21. 继承人对于继承问题意见不一致时怎么办? ………（70）

第三章　遗嘱继承 ……………………………………（73）

1. 什么是遗嘱继承? ………………………………………（73）
2. 什么情况下才能按遗嘱继承? …………………………（74）
3. 什么是遗嘱? ……………………………………………（76）
4. 遗嘱有哪些特点? ………………………………………（77）
5. 遗嘱有哪些形式? ………………………………………（79）
6. 什么是遗嘱见证人? ……………………………………（82）
7. 哪些遗嘱是有效的遗嘱? ………………………………（85）
8. 哪些遗嘱是无效的? ……………………………………（87）
9. 遗嘱在什么情况下生效?什么情况下不生效? ………（90）
10. 哪种遗嘱效力最高? …………………………………（92）
11. 遗嘱人能不能用摁指印代替签名? …………………（93）
12. 电子邮件里的遗嘱是否有效?打印的遗嘱是否有效?
    ……………………………………………………（94）
13. 遗嘱人能变更和撤销遗嘱吗?变更和撤销遗嘱的方
    式有哪些? …………………………………………（96）
14. 遗嘱人以不同形式立有数份内容相抵触的遗嘱时怎
    么办? ………………………………………………（99）
15. 什么是附义务的遗嘱? ………………………………（100）
16. 什么是遗嘱执行人? …………………………………（102）
17. 遗嘱执行人有哪些职责? ……………………………（103）

18. 继承人在按照遗嘱继承遗产后,还能再参加法定继承吗?……………………………………………………（105）

第四章　遗赠……………………………………………（106）

1. 什么是遗赠?………………………………………（106）
2. 遗赠有哪些特征?…………………………………（106）
3. 有效的遗赠应具备哪些条件?……………………（107）
4. 受遗赠人能否不接受遗赠?………………………（111）
5. 遗赠如何执行?……………………………………（111）
6. 什么是附义务的遗赠?……………………………（113）
7. 遗赠与遗嘱继承是不是一回事?…………………（114）
8. 继承人或者受遗赠人在继承开始后、遗产分割前死亡的怎么办?……………………………………（116）

第五章　遗赠扶养协议…………………………………（118）

1. 什么是遗赠扶养协议?……………………………（118）
2. 遗赠扶养协议有哪些特点?………………………（119）
3. 遗赠扶养协议能不能解除?………………………（121）
4. 遗赠扶养协议能不能代书?………………………（122）
5. 遗赠扶养协议和遗嘱是不是一回事?……………（123）
6. 遗赠扶养协议和遗赠是不是一回事?……………（125）
7. 法定继承、遗嘱继承、遗赠、遗赠抚养协议哪种法律效力最高?………………………………………（126）

第六章　遗产及遗产的处理……………………………（128）

1. 什么是遗产?………………………………………（128）
2. 哪些财产不能作为遗产继承?……………………（129）
3. 共有财产能不能作为被继承人的遗产?…………（130）
4. 如何确定夫妻共有财产和被继承人的遗产?……（130）
5. 如何确定家庭共有财产和被继承人的遗产?……（132）
6. 如何确定合伙财产中属于被继承人的财产?……（132）
7. 宅基地、自留山、自留地是不是遗产?…………（133）

8. 承包经营权是不是遗产?个人承包应得的个人收益是不是遗产? ……………………………………………………（134）
9. 保险金是不是遗产? ………………………………………（135）
10. 抚恤金是不是遗产? ………………………………………（136）
11. 复员军人、转业军人的复员费、转业费、资助金、医疗费能不能继承? ……………………………………………（137）
12. 股权能不能继承? …………………………………………（138）
13. 五保户的遗产由谁继承? …………………………………（139）
14. 妻死夫再娶或夫死妻改嫁后,他们有没有权利处理自己所继承的遗产? …………………………………………（140）
15. 不继承父母的遗产是不是就可以不承担赡养义务? ……………………………………………………………………（141）
16. 什么是遗产的分割? ………………………………………（142）
17. 分割遗产时要遵循哪些原则? ……………………………（142）
18. 遗产应该怎样分割? ………………………………………（144）
19. 什么是被继承人的债务? …………………………………（145）
20. 在确定被继承人的债务时应注意哪些问题? ……………（145）
21. 被继承人的债务应怎样偿还? ……………………………（146）
22. 继承人中既有法定继承人,又有遗嘱继承人时,应该怎样清偿被继承人的债务? 遗产分割完后又发现了被继承人的债务应该怎么办? …………………………（148）
23. "父债子还"合理吗? ………………………………………（149）
24. 继承遗产需要缴税吗? ……………………………………（150）
25. 无人继承又无人受遗赠的遗产应该怎么办? ……………（151）

第七章　民族自治地方的变通规定 ……………………………（153）
　　1. 民族自治地方的继承有没有变通或补充规定? ………（153）

第八章　涉外继承 ………………………………………………（154）
　　1. 大陆居民能不能继承在港澳台的遗产? ………………（154）
　　2. 港澳台同胞能不能继承在内地的遗产? ………………（156）

3. 中国公民能不能继承在境外的遗产和在境内的外国
    人的遗产？……………………………………………（157）
4. 中国公民继承境外遗产的步骤包括哪些？…………（159）
5. 外国人怎样继承在中国的遗产？……………………（159）
参考文献 …………………………………………………（162）
后记 ………………………………………………………（163）

第一章 继承法基础知识

1. 什么是继承法？

继承法一般被认为是关于调整因为自然人的死亡而产生的遗产移转关系的法律规范的总称，是我国民法的重要组成部分。

通常所说的继承法有狭义和广义的区分。狭义的继承法指的是《中华人民共和国继承法》，它是由全国人大在1985年4月10号颁布、1985年10月1日正式实施的一部专门调整继承关系的法律。它分为总则、法定继承、遗嘱继承和遗赠、遗产的处理、附则等五个部分，共三十七条。广义的继承法指的是所有和遗产继承相关的法律规范，除《中华人民共和国继承法》外，还包括《最高人民法院关于贯彻执行〈中华人民共和国继承法〉若干问题的意见》《中华人民共和国宪法》《中华人民共和国民法通则》《中华人民共和国民事诉讼法》《中华人民共和国婚姻法》等多部法律，这些法律中都直接或间接规定遗产继承的法律规范。此外，还有许多法规，地方性规章，最高人民法院的司法解释、意见、批复、答复、判例中也都有很多和遗产继承相关的规定，这些都属于广义上的继承法。在处理与继承相关的案件中都会用到。

【案例】

1985年2月，王某的父亲以一家四口人（王某父母、王某与其妹）的名义，向当地村委会申请宅基地建房。1992年王某高中毕业，考上省城的一所大学，户口随之迁出，后分配到距离家乡不远的一座城市里的机关工作，婚后在市里居住。1996年6月，王某的妹妹出嫁，户口也随之迁出，老家的住宅一直由王某的父母居住。2001年1月和2003年2月，王某的父母先后去世，老宅已无人居住。2003年8

月,当地村委会通知王某,因其父母已经过世,村里按规定将其老宅的宅基地使用权收回,要求王某在规定时间里将宅基地上的附着物拆除清理,或者按规定将该处住宅卖给本村有宅基地使用权的村民,遭到王某的拒绝。王某认为其父母的房屋连同土地应作为遗产由其继承,双方争执不下,最后村委会将王某告上了法庭,要求法院判决王某向村委会返还其老宅的土地使用权。王某认为,宅基地是其父母合法所得,完全应该作为遗产由王某继承,要求法院驳回村委会的诉讼请求。

(本案例摘自湖南长沙律师网,《农村宅基地的继承》)

【案例解析】

我国法律规定,土地使用权归集体所有,宅基地使用权是土地使用权的一部分,当然也归集体所有。宅基地使用权与农民个人的集体组织成员资格紧密相关,尽管申请宅基地建房时王某户口没有迁出,但随着其后王某户口的迁出,其获得宅基地使用权的资格随之消灭,而其父母的土地使用权也因死亡而消失,因此无论是王某还是其父母,都不再享有宅基地的使用权。我国现行法律规定,基于身份关系无偿从村集体经济组织获得的宅基地使用权,应作为一种特殊物权,不能作为遗产继承,因此法院判决王某将该宅基地使用权返还给村委会。

2.继承法的基本原则是什么?

继承法的基本原则是指贯穿、渗透于继承法体系之中,对整个继承法律制度起指导作用的法律准则。它是制定、实施、解释以及研究继承法的出发点和依据,是继承法的立法指导思想、继承法规范的基本精神和处理遗产继承的基本准则。我国继承法的基本原则主要有:

(1)保护公民的私有财产继承权原则。按照这项原则,公民死亡时遗留下来的合法财产或财产权利,都可以作为遗产由其继承人继承;任何公民都依法享有继承权,并有权依法行使其继承权,不得被任意剥夺和侵害;当公民的继承权受到不法侵害时,都有权寻求法律救济。(2)继承权男女平等原则。男女平等是宪法的要求,继承法贯彻了宪法的精神,对继承法男女平等作出了规定。按照这个原则,女子不论在家庭中处于什么地位,不论是否结婚,都与男子享有平等的继承权,不论是法定继承还是遗嘱继承,均应男女平等。(3)权利义务相一致原则。我国继承法明显体现出了权利义务相一致的原则,将继承人对被继承人生前所尽的义务、继承人对被继承人所遗留债务的清偿情况、继承人是否享有继承权以及如何行使继承权等相结合,使继承人所享有的继承权与其所承担的义务相一致。比如,继承法规定对公婆、岳父母尽了主要赡养义务的丧偶儿媳或丧偶女婿是第一顺序继承人,与被继承人共同生活或尽了主要义务的继承人可以多分遗产,有扶养能力和扶养条件但不尽扶养义务的继承人应当不分或少分遗产,接受遗产的继承人要在接受遗产的范围内清偿被继承人生前所欠的税款和其他债务等。(4)养老育幼、照顾病残的原则。比如,有关代位继承的规定,有关为胎儿保留继承份额的规定,有关剥夺继承权的规定,有关遗嘱应对缺乏劳动能力又没有生活来源的继承人保留必要份额的规定,有关分配遗产时应对缺乏劳动能力又没有生活来源的老年人和未成年人予以照顾的规定,以及遗赠扶养协议等方面的规定等。(5)互谅互让、协商处理遗产的原则。这一原则体现了中华民族的传统美德,它要求被继承人在处理遗产的过程中互相体谅,互相谦让,在平等协商的基础上公平合理地分割遗产。

【案例】

张氏夫妇无子,只有一个独生女儿张晶。张晶结婚后,张氏就同女儿女婿在一起生活。几年前张晶因病去世,女婿岳杰带着孩子仍与岳父母一起生活,直至为老人送终。但在继承老人两间房屋的问题上,有人说女婿是外人,无权继承岳父母的遗产,两间房屋应上交国家。请问,丧偶女婿是否有权继承岳父母的遗产?

(本案例摘自《司法考试必读法律法规汇编》2008版)

【案例解析】

继承法第十二条规定,丧偶女婿对岳父母尽了主要赡养义务的,作为第一顺序继承人。本案中张氏的女婿岳杰一直与岳父母共同生活,服侍老人直至其去世,属于"尽了主要赡养义务"的情况,因而有权作为第一顺序继承人继承其岳父母遗留的两房间,他人不得干涉。

3.什么是继承?

继承是指自然人死亡后,由法律规定的一定范围内的人或遗嘱指定的人依法取得死者遗留的个人合法财产的法律制度。要准确理解什么是"继承",需注意这几个方面:(1)财产所有人死亡的法律事实,即继承要在自然人死亡时才开始。这里所说的死亡既包括生理死亡,也包括宣告死亡。继承是对死者财产的合法取得,因此必须在死亡后,该死者才被确定为被继承人,所遗留的个人合法财产才转化为遗产,其继承人才能实际获得遗产。(2)继承人所要继承的财产即遗产,是死者即被继承人遗留的个人合法财产。按继承法规定,遗产必须具有合法性和可转让性。换句话说,非法财产是不能被继承的,不能转让的财产也是不能被继承的,比如著作权中的署名权不具有可转让性,就不能继承。还要注意,死者如果没有遗产,继承也将无从发生。(3)在继承法律关系中,死亡的自然人是被继承人,即被继承遗产的人。依法承受或接受这些财产的人是继承人,即继承遗产的人。继承须有合法的继承人或受遗赠人。按继承法的规定,继承依照法律的具体规定或者死者的有效遗嘱进行,无继承人或虽然有继承人但继承人依法丧失继承权的,继承不能发生。(4)不论是继承人还是受遗赠人都要依法继承被继承人的遗产,不符合法定程序或其他法律规定的继承不能成立。(5)在继承中,继承人取得死者的遗产是无偿的,继承是基于继承人和被继承人之间的近亲属关系而发生的,死者遗产的合法转移,不具有商品交换性质,因而不适用等价有偿原则,即继承人取得被继承人的遗产不需要支付对价。

我国继承法将继承分为法定继承和遗嘱继承两种方式。法定继承是指由法律直接规定继承人的范围、继承顺序和遗产分配原则的一种继承方式。它以特定的亲属身份作为前提,是最古老的继承方式,也是继承制度中的主要继承方式。遗嘱继承是指自然人死亡后留有合法有效的遗嘱,由遗嘱指定的继承人按照遗嘱的内容继承遗产的一种继承方式。遗嘱继承中,遗产由谁继承、继承什么财产、继承份额等均可由被继承人依自己意志所立下的遗嘱来确定。遗嘱继承方式的运用效力优先于法定继承。凡是死者留有合法有效遗嘱的,都必须先执行遗嘱继承,执行遗嘱后剩余的财产才能按法定继承的方式继承。

【案例】

刘某(女)和杨某(男)1994年登记结婚。2000年5月,刘某的父亲去世,在市内留有住房一套,未继承分割,一直由刘某的母亲居住着。2005年2月16日,杨某起诉离婚,24日刘某即以公证的方式放弃继承该房产,3月两人调解离婚。离婚后,杨某认为岳父留下的房子应该是他和刘某有婚姻事实时他妻子继承的财产,属于夫妻共同财产,因此将刘某起诉到法院,请求法院判令她的放弃行为无效,并对争议房产及其他尚未分割财产进行分割。而刘某认为放弃继承父亲财产,无需征得杨某同意,且继承遗产与否,并不影响其应尽的义务,其放弃继承的行为应是合法有效。

(本案摘自《人民法院报》)

【案例解析】

《最高人民法院〈关于审理离婚案件处理财产分割问题的若干具体意见〉》第二条规定,夫妻共同财产是指夫妻双方在婚姻关系存续期间所得的财产。本案中原被告双方分歧的关键就在于女方父亲留下的房子是否属于夫妻共同财产。按照我国法律规定,该案所涉房屋要转化为夫妻共同财产,就要将房屋中属于刘某的那部分登记在她的名下,登记的时间就是继承权转化为夫妻共同财产的时间。此案中女方放弃的遗产继承权,并不是夫妻关系存续期间实际取得的共同财产,即便放弃行为的后果会影响男方离婚时少分得财产,也不能以此为由抗辩女方放弃权利,而在此之前,女方放弃遗产继承权,是依法处分个人权利,无需征得他人许可。因此,在遗产分割前刘某表示放弃继承权,是有效的法律行为。而且刘某和杨某已调解离婚,即使刘某没有放弃继承权,刘某父亲的房产,也不能成为两人的共有财产,杨某无法要求进行分割,所以法院不但对该放弃继承权的行为予以认可,同时判决杨某无权分割房产。

4. 什么是被继承人和继承人?

在继承法律关系中,死亡并且有可以继承财产的人,就是被继承人;有权继承被继承人遗产的人,就是继承人。需注意:(1)继承人是基于继承权而取得遗产的人,不同于受遗赠人以及请求酌情分得遗产的人等其他承受被继承人遗产的人,那些基于其他权利而取得遗产的人,不是继承人。(2)继承人只能是自然人,不能是法人或其他组织,也不能是国家。(3)继承人与被继承人存在近亲属关系。按照我国继承法第十条、第十二条的规定,配偶、子女、父母、兄弟姐妹、祖父母、外祖父母以及对公婆或岳父母尽了主要赡养义务的丧偶儿媳或丧偶女婿,是法定继承人,遗嘱继承人只能从法定继承人中确定,因此二者的范围是一致的,由此可见,继承人与被继承人之间存在近亲属关系、婚姻关系或者血缘关系、扶养关系。(4)继承人须具备以下条件:第一,须有继承能力,即继承人应是继承开始时生存的人,继承开始时已经死亡的人,无继承能力,不是继承人。为了保护胎儿的权益,我国法律也承认胎儿有继承能力;第二,须未丧失继承权,因发生法定事由而丧失对被继承人遗产继承权的人,无权继承被继承人的遗产,不能成为继承人。

被继承人和继承人无长幼和辈分之分,被继承人不一定都是长辈,晚辈也可能成为被继承人,而继承人也不一定都是晚辈,长辈也可能成为继承人。比如,子女先于父母死亡的,其遗留的个人合法财产,父母也是第一顺序的法定继承人,可以继承。在这个继承关系中,晚辈子女是被继承人,而长辈父母是继承人。

【案例】

汪某的外祖母病故,汪某的母亲在料理丧事期间,也因食物中毒抢救无效死亡。汪某的外祖母留下瓦房五间,本应由其母亲和舅舅共同继承。由于母亲死亡,有人认为汪某和她的姐姐可以继承,也有人认为他父亲也可以继承。

(本案例摘自中国农村法律网,《外祖母遗产的继承》)

【案例解析】

根据法律规定,继承人在被继承人死亡后、遗产分割以前死亡的,其应得份额由他的法定继承人继承,这在法律上叫做"转继承"。转继承中,原继承人的法定继承人却属于转继承的继承人范围。汪某的外祖母死亡后,应由他的舅父和他的母亲共同继承遗产,但由于他母亲在取得遗产前死亡,他母亲应继承的那份遗产,应转而由他母亲的法定继承人即他的父亲、姐姐和他本人共同继承,而不是只由其姐弟二人继承。

5.继承什么时侯开始?

继承开始时间的确定是继承顺利进行的前提。我国继承法第二条规定:"继承从被继承人死亡时开始。"因此,继承开始的时间就是被继承人死亡的时间。人的死亡包括生理死亡和宣告死亡。最高人民法院《关于贯彻执行〈中华人民共和国继承法〉若干问题的意见》第一条规定:"继承从被继承人生理死亡或被宣告死亡时开始。"所以,要确定继承开始的时间就要先确定生理死亡和宣告死亡的时间,法律对这两种死亡方式的时间界定都作出了明确的规定。

生理死亡即自然死亡,就是我们常说的生命的终结。比如自然的老死、生病死亡、意外死亡、被害死亡等。在我国,由于死亡证明多由医院出具,因此法律对死亡的认定采取医学上的死亡标准。通常确定生理死亡时间的依据是:(1)医院死亡证书中记载公民死亡时间的,以死亡证书记载的为准;(2)户籍登记册中记载公民死亡时间的,以户籍登记为准;(3)死亡证书与户籍登记册的记载不一致的,以死亡证书为准;(4)继承人对死亡时间有争议的,以法院查证的时间为准。

宣告死亡是自然人下落不明达到法定期限,经利害关系人申请,由法院宣告其死亡的制度。宣告死亡只是一种法律推定,也就是说公民本人不一定死亡,但是为了保护和该公民有关系的人的利益,由法院推定其死亡。宣告死亡会产生和生理死亡完全相同的法律效果,因此法律对宣告死亡规定了非常严格的条件:(1)被宣告人下落不明,即失踪。被宣告人离开住所或居所后没有任何音讯,处于生死不明的状态。(2)被宣告人下落不明达到了法定的期限,即被宣告死亡的人下落不明的状况一直持续,达到了法律规定的时间。对于下落不明的法定期限,法律针对不同的情形作出了不同的规定:A.一般情况下,下落不明满四年,从音讯消失之次日起算。比如某人于2004年3月2日离家出走,没有任何音讯,从离家出走的次日即2004年3月3日起算,到2008年3月2日满四年,2008年的3月3日就可以申请宣告死亡。B.战争期间下落不明满四年,从战争结束之日起计算。比如战争于2004年3月2日结束,从此时起算,到2008年3月2日满四年,2008年的3月3日就可以申请宣告死亡。C.意外事故(如车祸、地震、火灾、爆炸等)下落不明满两年,从音讯消失之次日起算。比如某人于2004年3月2日乘飞机去某地旅游,但不幸飞机失事,此人下落不明,从2004年的3月3日起算,到2006年3月2日满两年,2006年3月3日就可以申请宣告死亡。D.由于意外事故下落不明,但有有关机关对该公民不可能生存所做出的证明(根据事故的性质由相应的监管机构所作的证明,比如由消防部门对火灾事故所做的证明,由交警对道路交通事故所做的证明等,以及公证机关对各类意外事故所做的证明),这种情况下没有时间的限制。从获取有关机关证明其不可能生存的证明当天起就可以申请宣告死亡。比如某人身陷火灾事故现场,消防部门于2004年3月3日出具了该人不可能生还的证明,从2004年3月3日起就可以申请宣告死亡。(3)须经过利害关系人提出申请。利害关系人是指和被宣告死亡人有某种利益的人,被宣告死亡人的死亡可以使利害关系人的利益实现或者丧失。宣告死亡必须要有利害关系人向法院提出申请,否则法院是不会去主动宣告某人死亡的。法律规定,利害关系人提出申请是有先后顺序的:

第一顺序是配偶,第二顺序是父母和子女,第三顺序是兄弟姐妹、祖父母、外祖父母、孙子女、外孙子女,第四顺序是其他有利害关系的人。前一顺序的人不申请,后一顺序的人就不得申请;同一顺序中的人没有先后之分;没有前一顺序的人,后一顺序的人可以递增为前一顺序。法律这么规定是为了优先保护配偶、父母和子女的身份、伦理与情感利益。(4)必须由人民法院依法宣告。人民法院是受理死亡宣告的唯一机构,除了法院,其他任何人或部门都无权宣告公民死亡。人民法院宣告死亡是有程序的:法院受理死亡宣告申请后,先要发出寻找失踪人的公告,公告期为一年,但因意外事故下落不明并经有关机构证明该公民不可能生存的,公告期为三个月。公告期届满,生死不明的事实得到确认的,法院会做出宣告死亡的判决,发现该公民并未死亡,法院会作出驳回申请的判决。被宣告死亡的,判决宣告之日即为死亡之日,此时,继承开始。

【案例】

张老先生有一住宅是个人合法财产,未立遗嘱,其死亡后,两个儿子均未声明放弃继承此遗产。但因二人工作繁忙,都没有时间顾及此房产,仅是雇他人照料。所谓亲兄弟明算账,十年后二人决定分房子了,但是在如何分割这一住宅时,发生争执,于是二人诉至法院,请求法院作出公平的论断。

【案例解析】

我国法律规定"自继承开始之日起超过二十年的,不得再提起诉讼"。本案中,被继承人于十年前死亡,因此他们可以提出诉讼。继承法规定,"继承开始后,继承人放弃继承的,应当在遗产处理前,做出放弃继承的表示。没有表示的,视为接受继承"。本案中,他们二人虽然十年间没有处分用为遗产的住宅,但他们并没有放弃遗产的明确表示,也就是说,他们没有放弃继承权。所以法院受理了此诉讼,并依法进行了审理。

6.相互有继承关系的人在同一事件中死亡应该如何继承遗产？

在确定继承开始时，会碰到一种特殊的情况，即相互有继承关系的人在同一事件中死亡，无法查清其死亡的先后时间，没有办法确定其死亡顺序，这时候谁应该继承遗产，应该怎样继承，法律也有明确的规定，对于没有继承人的人，推定其先死亡，对于各自都有继承人的，如几个死亡人辈分不同，就推定长辈先死，几个死亡人辈分相同的，推定同时死亡。他们相互之间不发生继承关系，由他们各自的继承人分别继承。

【案例】

甲、乙是夫妻，甲是丈夫，乙是妻子。丙、丁是甲的父母，甲有一兄弟辛，乙有母亲戊。一日夫妻和公婆四人一起出去旅游，途中发生事故，四人均在事故中遇难，无法确定死亡时间。甲、乙有共同财产10万元，丙、丁共有财产20万元，该如何继承？

（本案例摘自求学网，《继承法案例》）

【案例解析】

本案中，甲、乙、丙、丁是不同辈分而相互之间有继承关系的人，由于无法确定死亡时间，按照法律规定，推定丙、丁先死亡，甲、乙后死亡。丙、丁的遗产是20万元，继承人是甲和辛，故遗产应由两人平均继承，甲和辛各得10万元。乙是甲的妻子，她只有在作为丧偶儿媳并对公婆尽了主要赡养义务时才能法定继承丙、丁的遗产。甲、乙原来有共同财产10万元。在丙、丁死亡后，甲又继承了丙、丁的10万元遗产，此10万元成为了甲乙夫妻二人的共有财产。因此，甲、乙在死前共有财产20万元。由于甲、乙被推定为同时死亡，两人各自的财产由各自的继承人继承。甲的继承人是辛，因此甲的10万元由辛继承。辛总共继承了20万元。乙的继承人是其母亲戊，乙的10万元由戊继承。

7.被宣告死亡的人还活着时，已经发生的继承应该如何处理？

宣告死亡和自然死亡有同等的法律效果，但宣告死亡毕竟只是法律推定,并不一定就是事实。当被宣告死亡的人活着回来时,如果他的财产已经被当作遗产继承了,对此如何处理法律也有明确规定。如果被宣告死亡的人没有死亡,其本人或利害关系人可以申请法院撤销对他的死亡宣告。这里的利害关系人的范围与宣告死亡申请人的范围相同,但没有先后顺序的限制,利害关系人范围内的任何人都可以申请法院撤销死亡宣告。人民法院判决撤销死亡宣告后,因宣告此人死亡而发生的继承、遗赠或以其他方式取得该人财产的,都应该返还原物和孳息,比如存款和利息。如果原物已经被第三人合法、善意取得,也可以不返还原物,但最初取得原物的人必须给予适当的补偿。如果死亡宣告是由于某利害关系人故意地、恶意地隐瞒真相造成的,就构成了侵权行为,该利害关系人不仅要返还所取得的原物与孳息,还要负赔偿责任。

【案例】

黄老先生饮誉画坛数十年,于1995年1月外出写生,四年来杳无音信,其妻子胡某于1999年5月向人民法院申请宣告黄某死亡,人民法院发布公告一年后,正式宣告黄某死亡。胡某将黄某的房屋等家产卖掉,携带女儿改嫁外县。2000年6月,黄老先生突然从外地回家。黄老先生要求要回老婆、孩子和房屋等家产,其妻子拒绝。请问:被宣告死亡的老人重新出现,已被依法处理的财产可否要求返还或补偿?

(本案例摘自佛山市政府网)

【案例解析】

被宣告死亡人重新出现后,其在宣告死亡期间被继承、遗赠的财产,都应当依法返还给重新出现人。原物存在的应返还原物,原物不存在的,给予适当补偿。本案重新出现人黄某对于财产问题可以与原妻子胡某协商返还或补偿,协商不成,可依法向人民法院起诉请求返还财产。此外,被宣告死亡人重新出现后,还会涉及到死亡宣告的撤消,婚姻关系的恢复以及收养关系的解除等问题,按照法律规定,分别如下处理:(1)本人或利害关系人向人民法院申请,由人民法院撤销对他的死亡宣告。(2)婚姻关系问题。如果其配偶未再婚,婚姻关系自然恢复,如果其配偶已婚,其配偶的第二次婚姻关系受法律保护;如果其配偶坚持和宣告死亡重新出现人复婚,其配偶必须办理离婚手续后再和重新出现人办理结婚登记手续。(3)被宣告死亡人的子女在宣告死亡期间被他人合法收养的,收养关系有效。除非收养者愿意解除收养关系,宣告死亡重新出现人可以要回自己的子女。

8.继承遗产的地点在哪里?

在被继承人、继承人、遗产处于不同的国家、省、市时,就要确定一个继承遗产的地点,这样不但有利于继承人参加继承、接受遗产,也有利于遗产的清点和保管,还有利于确定遗产纠纷诉讼应该由哪里的法院管辖。

我国法律仅仅对涉外继承(即被继承人或继承人或遗产等和外国有关系)的继承地点作出了规定,继承法第三十六条和民法通则第一百四十九条规定,对于涉外继承,动产继承适用被继承人死亡时的住所地法,不动产继承适用不动产所在地法。

对于被继承人、继承人、遗产等处于我国的不同省市的法律并没有作出明确的规定。实践中通常是以被继承人生前的最后住所地作为继承开始的地方。对于如何确定被继承人生前的最后住所地法律也有明确的规定,民法通则第十五条规定:"公民以他的户籍所在地的居住地为住所,经常居住地与住所不一致的,经常居住地视为住所。"这里的"经常居住地"是指公民连续居住满一年以上的居住地点,但是住医院治病的除外。也就是说,被继承人生前的最后住所地就是他的户籍上最后记载的居住地,如果他离开此地到别的地方居住超过一年以上的(住医院治疗的除外),这个超过一年以上的居住地就被认为是他的住所,如果公民在这里死亡,继承就要从死亡时居住的地方开始。

如果主要遗产所在地和被继承人生前最后住所地不一致,或者被继承人最后住所地不明,则以被继承人的主要遗产所在地作为继承开始的地点。主要遗产所在地指的是不动产所在地或者价值额最高的遗产所在地。

9.继承人如何知道继承开始了?

现实生活中,被继承人死亡之后,由于种种原因比如出差、到国外工作或求学等,有的继承人和遗嘱执行人可能并不知道继承已经开始了,这时候就应该对继承的开始进行通知。继承开始的通知,是指把被继承人死亡和继承开始的事实告知所有的合法继承人、受遗赠人以及遗嘱执行人,以保证继承人、受遗赠人依法行使继承权。我国继承法第二十三条规定:"继承开始后,知道被继承人死亡的继承人应当及时通知其他继承人和遗嘱执行人。继承人中无人知道被继承人死亡或知道被继承人死亡而不能通知的,由被继承人生前所在单位或者住所地的居民委员会、村民委员会负责通知。"法律作出这样的规定是为了及时地保护继承人的合法权益不受侵害。大多数情况下,继承人都知道被继承人的死亡和继承的开始,但是生活中也经常可以碰到被继承人死亡时继承人不在身边,或者知道被继承人死亡的继承人为了独吞遗产而故意隐瞒继承开始的时间,或者因为继承人未成年或智力不健全而无法通知其他继承人。在这些情况下,法律作出这样的规定对及时地保护继承人的合法权益是非常必要的。按照该规定,被继承人死亡后,有关继承人和被继承人生前所在单位或居民委员会、村民委员会有义务将继承开始的事实通知其他继承人、受遗赠人及遗嘱执行人,如果由于其未及时通知而导致遗产受到损失或者贬值的,其他继承人、受遗赠人即遗嘱执行人有权请求人民法院判令负有通知义务的有关继承人和被继承人生前所在单位或居民委员会、村民委员会承担赔偿责任。

关于继承开始的通知方式和时间,法律没有作出明确规定。实践中,既可以用口头方式,也可以用书面方式,还可以采用公告或电子邮件的方式通知,只要能让其他继承人、受遗赠人、遗嘱执行人知道被继承人死亡、继承开始的事实就可以。至于通知的时间,针对不同情况应区别对待。

【案例】

姜某全家去了外地。姜某有一个叔叔生活在北京。前不久,姜某的叔叔去世了。姜某的朋友许某不止一次听姜某说,叔叔生前曾允诺将他的遗产留给自己。现在姜某远在外地,她的叔叔又没有其他亲人。如果许某不知道此事,有没有哪个组织或者个人有义务通知姜某呢?

(本案例摘自中国法院网,《谁有义务通知继承人》)

【案例解析】

我国继承法规定,继承开始后,知道被继承人死亡的继承人应当及时通知其他继承人和遗嘱执行人。继承人中无人知道被继承人死亡或者知道被继承人死亡而不能通知的,由被继承人生前所在单位或者住所地的居民委员会、村民委员会负责通知。可见,知道被继承人死亡的法定继承人、被继承人生前所在单位或者住所地的村民委员会、居民委员会均有义务通知不知道被继承人死亡的其他继承人。

10.什么是继承权?

继承权是继承人依照法律规定或者被继承人遗嘱的指定,享有的承受被继承人遗产的民事权利。

按照我国法律的规定,享有继承权的只能是自然人,不能是法人、其他组织或国家。法人、其他组织或国家也可以取得遗产,但是以受遗赠人的身份,而不是以法定继承人或遗嘱继承人的身份取得。这是因为继承权的取得是以继承人和被继承人存在特定的身份关系作为前提的,不管是法定继承人还是遗嘱继承人,都必须与被继承人存在婚姻、血缘或扶养关系,继承人要具有配偶、子女等特定的身份才能享有继承权。需要注意的是,这里的婚姻关系指的是依法成立的婚姻关系,即符合法定结婚条件的男女双方,到婚姻登记机关领取了结婚证的合法婚姻,否则,男女双方彼此不享有继承权。血缘关系指的是血亲属关系,包括直系血亲属、旁系血亲属,还包括拟制血亲属。直系血亲属指上下代之间有直接生育关系的近亲属，如父母子女；旁系血亲属指没有直接生育关系但出自同一祖先的近亲属，如兄弟姐妹；拟制血亲属指双方之间本来没有血缘关系，但因某种法律事实的发生或存在而在双方之间依法建立的血缘关系，如养父母养子女关系。扶养关系是指相互之间有扶助养育关系，一般有两种情况：一种是有血缘关系、婚姻关系而形成的扶养关系，比如丧偶儿媳对公婆尽了主要赡养义务而形成的关系；另一种是无血缘关系的人之间，比如养父母养子女之间所形成的扶养关系。扶养关系在我国法律中是取得继承权的重要依据。

继承权是一种财产权。民事权利分为财产权利和人身权利，继承权属于财产权，而非人身权。不论是所有权、债权、债务，还是知识产权，继承人从被继承人那里继承的只能是财产，而不是人身权利。比如某人生前写了一部畅销小说，在他死后，他的合法继承人只能继承他由于这部小说的出版、发行、再版、畅销所带来的经济利益，而这部小说的署名权，继承人是无法继承的，也就是说，继承人不能把被继承人署在小说上的名字换成自己的。

继承权是不能转让的，虽然它在本质上是一项财产权利，但是由于它具有一定的身份色彩，是继承人基于特定的身份才享有的，因此它不能转让，继承人可以放弃继承权，但却不能把继承权转让给别人。

继承权的发生根据是法律的规定或者合法有效的遗嘱。直接依照法律规定而发生的继承权是法定继承权，法定继承权是在没有合法遗嘱，或者有遗嘱但遗嘱继承人放弃继承或丧失继承权时所产生的继承权。遗嘱继承权是被继承人在遗嘱中授予继承人的继承权。按照法律规定，遗嘱继承权是优先于法定继承权的，即遗嘱继承权的效力大于法定继承权，有遗嘱先按遗嘱继承，无遗嘱才法定继承。遗嘱继承人必须是从法定继承人中指定的，所以享有遗嘱继承权一定享有法定继承权。

继承权的标的不仅仅是遗产，还包括被继承人的财产义务。继承人不仅继承被继承人的遗产,还要偿还被继承人的合法债务,继承人在继承了被继承人的财产之后,必须用它来偿还被继承人的合法债务,但这种偿还不能超过所继承遗产的价值。

【案例】

2007年12月29日,31岁的女白领姜岩从24楼跳楼身亡。姜岩跳楼身亡后,其博客公布她自杀的原因是丈夫王菲出轨。之后,王菲与姜岩父母签订协议,放弃了对妻子财产的继承权。她的父母与王菲在2008年1月19日签订协议,约定姜岩名下住房公积金账户和社会保险账户内财产共计7万余元归姜岩父母所有,王菲应积极配合他们取出女儿名下的财产。但姜岩的父母表示,协议签订后,王菲一直不配合他们。2008年9月,姜岩的父母以王菲不配合两位老人继承为由将王菲告上法院,要求判决女儿的上述财产归两位老人所有。

法院开庭审理此案前两天,王菲来到法院说明情况,否认他故意阻挠姜岩父母取得女儿的财产。他表示在协议签订后,对方完全可以到相关社保部门取走姜岩的住房公积金和社会保险,无需自己配合。

开庭当天,王菲没有参加庭审,法院进行了缺席审理。对于姜岩家人要求王菲提供单位证明以便取出社保和住房公积金的说法,王菲的名誉权案代理人张律师表示,事发后,王菲已丢掉工作,无法提供单位证明,但从未拒绝配合老人取得财产。

(本案摘自《新京报》,《女白领死亡博客案》)

【案例解析】

姜岩的父母与王菲都是姜岩的法定继承人,双方就姜岩财产继承权而订立的协议合法有效。王菲在协议中已放弃了对姜岩所有的住房公积金和社会保险账户内财产的继承,故法院判决姜岩名下的上述财产由其父母继承。

11. 农村妇女和女孩能不能继承遗产?

在我国广大农村地区,很多人认为妇女和女孩不能继承遗产,实践中也是如此,妇女和女孩的继承权无形中被剥夺,这是由于我国自封建社会流传下来的重男轻女的思想和习惯所造成的。事实上,我国法律赋予了妇女、女孩与男人、男孩平等的继承权。《中华人民共和国宪法》赋予妇女在政治、经济、文化、社会、家庭等生活的各方面都与男人享有完全平等的权利。《中华人民共和国民法通则》赋予妇女的民事权利与男人平等。《中华人民共和国继承法》规定妇女与男人享有完全平等的继承权。因此,农村妇女和女孩不但享有继承权,能继承遗产,而且所享有的继承权和男人完全平等,不能被剥夺。剥夺农村妇女和女孩继承权的行为是违法的。当这种违法行为发生时,农村妇女和女孩可以拿起法律武器来维护自己的合法权益。

【案例】

一位年过六旬的老奶奶有一个女儿和两个儿子。老奶奶分她的财产时说:"女儿根本没份。""女儿要是嫁了,就成别人家里的人了,干嘛还回来分财产,分了不就等于给了别人了吗?""娘家只是女儿的店……"别人就说她:"不是说男女平等吗?为什么只给你儿子?"她说:"还没听说过有嫁出去的女儿回来分财产的。""况且女儿在夫家不也有地方住吗?""像我们,要是老伴死了,还得靠儿子养。"……

也许这只能反映部分农村的真实面貌。当老奶奶被问道:"难道就没有儿子和女儿平均或者近乎平均地分配财产的家庭吗?"她回答:"我活了一辈子了,没见过。""那些好像只是电视上有钱人家的情况。""儿子继承是顺理成章的。""其他村里也没听说过。""一般家里就没什么财产,就光是个房子,女儿在外有住的,也没必要和儿子抢啊。"

(本案例摘自中国生殖健康网,《关于农村家庭财产继承与妇女权益》,作者:师晨)

【案例解析】

在我国农村,由于各种原因,很多人有重男轻女的观念,但是法律规定,妇女同男子享有家庭财产的所有权与继承权。夫妻同是家庭财产的所有者,平等地支配和使用家庭财产。夫妻互相继承遗产、子女平等继承父母的遗产。因此,本案中不仅儿子可以占有和继承母亲的遗产,出嫁的女儿也一样能继承。

12.完全民事行为能力人能不能继承遗产?

《中华人民共和国民法通则》根据我国公民的具体情况,按照智力发育的不同年龄阶段和是否有精神障碍,把公民的民事行为能力分为三种:完全民事行为能力、限制民事行为能力、无民事行为能力。

完全民事行为能力人指的是能够通过自己独立的行为取得民事权利和承担民事义务的人。正常情况下,成年公民都会有意识、理智地去实施各种民事行为,对自己的行为所能产生的法律后果也能作出正确的判断和估计,因此,正常的成年公民被认为是完全民事行为能力人。按照我国法律规定,18周岁以上的智力发育正常的公民是完全民事行为能力人,可以依照自己的意愿独立地实施民事法律行为,并对自己的违法行为承担民事责任。16周岁以上不满18周岁的公民,以自己的劳动收入为主要生活来源的,视为完全民事行为能力人。这部分人虽然不满18周岁,但已经参加了社会劳动,有较为稳定的劳动收入,并且以这些劳动收入作为主要的生活来源,法律认为他们已经基本具备了独立处理自己事务的能力,因此把他们按照完全民事行为能力人对待。按照前面的介绍,完全行为能力人当然可以继承遗产。

13.限制民事行为能力人能不能继承遗产?

限制民事行为能力人,是指只享有部分民事行为能力,其享有民事权利和承担民事义务的资格受到一定限制,只能独立实施与其年龄和智力相适应的民事法律行为的人。我国法律规定,10周岁以上的未成年人是限制民事行为能力人,可以进行与他的年龄、智力相适应的民事活动,主要是日常生活所必须的民事法律行为、某些获取利益而不负义务的民事法律行为以及享有以自己的行为取得荣誉、发明权、著作权的活动,而一些重要的、比较复杂的、依未成年人的智力还不能判断和预见行为后果的民事活动则被限制,不能由未成年人进行。我国法律还规定,不能完全辨认自己行为的精神病人是限制民事行为能力人,他们虽然有精神障碍,但没有完全丧失思维能力,因此能够进行与他的精神健康状况相适应的民事活动,比如满足日常生活需要的简单活动,接受奖励、赠与等对本人有利而且不损害他人利益的活动,但对其他一些重大的、复杂的,依照其精神健康状况不能判断、预见行为后果的,可能会伤害自己的活动则被限制,必须由其法定代理人代理或者征得法定代理人的同意后自己进行。因此,限制民事行为能力人的继承权、受遗赠权应当由他们的法定代理人代为行使,也可以在征得法定代理人的同意后自己行使。

【案例】

某村养殖大户张大洪因病去世,留下房屋6间,现金6万元。其妻李梅,其女张小小(12岁)与张大洪之母丁秀兰因为遗产的继承发生争执。丁秀兰认为:张小小年纪尚幼,没有继承的权利,房屋与现金应由其与李梅平分。李梅不服,诉至法院。

【案例解析】

本案中,丁秀兰认为张小小年幼,不享有遗产继承权的观点是错误的。按照法律规定,限制民事行为能力人享有继承权和受遗赠权,这些权利的行使都由其法定代理人代理或需征得其法定代理人的同意。因此,法院判决房屋6间,现金6万元为张大洪、李梅的夫妻共同财产,由夫妻共同享有,张大洪实际遗产仅为房屋3间,现金3万元。张小小虽然为限制民事行为能力人,但同样享有遗产的继承权,由其母代为行使,所以,房屋3间,现金3万元应由李梅、丁秀兰及张小小平分,每人得房屋1间,现金1万元。

14.无民事行为能力人能不能继承遗产?

无民事行为能力人,是指不能独立实施民事法律行为的人。我国法律规定,不满10周岁的未成年人和不能辨认自己行为的精神病人是无民事行为能力人。无行为能力人由于智力发育或精神障碍,无法预见和估计自己的行为后果,因此法律对其行为能力进行了限制。无民事行为能力人自己不能独立参与民事活动,须有法定代理人代理。因此,无民事行为能力人的继承权、受遗赠权应当由其法定代理人代为行使。

【案例】

李某(女)与张某(男)系夫妻关系,2003年2月16日晚,张某在家中将李某杀害。案发后,公安机关立案侦察,张某经过司法鉴定后被确认为精神病患者,公安机关以不负刑事责任为由将张某释放。

1987年,李某与张某结婚,婚后育有两女,现未成年。近十几年来家里生活富裕,有存款20余万元,并且有1幢楼和1部汽车。家中现金和存款被张某兄长(现为其法定监护人)掌握,事后李某父母向法院提起民事诉讼,要求对李某财产进行继承,请求法院判决剥夺张某对李某遗产的继承权。

(本案例摘自110网,《杀害被继承人是否还享有继承权》)

【案例解析】

本案中,张某是无行为能力人,他虽然杀死妻子,但其刑事责任被免除。同时,无行为能力人也享有继承权,能够继承遗产,因此,张某对李某的财产享有继承权。

15.谁是限制民事行为能力人和无民事行为能力人的继承权、受遗赠权的法定代理人?

限制民事行为能力人和无民事行为能力人的继承权、受遗赠权都要由其法定代理人代理或征得其法定代理人的同意。我国法律规定,限制民事行为能力人和无民事行为能力人的监护人是其法定代理人。监护人是法律为保护未成年人和成年精神病人而设定的专门保护其利益、监督其行为、管理其财产的人。监护人有法定监护人、指定监护人和委托监护人。法定监护人是指由法律直接规定的监护人,未成年人的父母是其第一顺序的法定监护人,未成年人的父母死亡或者没有监护能力的,依次由其祖父母和外祖父母、兄弟姊姐、关系密切的亲属或朋友、父母单位和未成年人住所地的居委会或村委会、民政部门担任。成年精神病人的法定监护人的范围和顺序是：配偶、父母、成年子女、其他近亲属、关系密切的亲属或朋友、精神病人所在单位或住所地的居委会、村委会、民政部门。当未成年人父母以外的监护人范围内的人、成年精神病人监护人范围内的任何人发生争议，争抢担任监护人或相互推诿都不愿意担任监护人时，被监护人住所地的居民委员会或村民委员会可以指定监护人范围内的人作为指定监护人。委托监护人则是指接受委托对未成年人或成年精神病人进行监护的人。

法定代理人在代理限制民事行为能力人和无民事行为能力人行使继承权、受遗赠权时，必须要维护他们的利益，因此，法定代理人一般不能代表限制民事行为能力人、无民事行为能力人放弃继承权和受遗赠权，即使其行为得到了限制行为能力人和无行为能力人的同意也是无效的。

16.遗腹子能不能继承遗产？

生活中所说的遗腹子指的是父亲死亡时还在母亲腹中未出生的胎儿。我国继承法第二十八条规定："遗产分割时，应当保留胎儿的继承份额。胎儿出生时是死体的，保留的份额按照法定继承办理。"《最高人民法院关于贯彻执行〈中华人民共和国继承法〉若干问题的意见》第四十五条规定："应当为胎儿保留的遗产份额没有保留的应从继承人所继承的遗产中扣回。为胎儿保留的遗产份额，如胎儿出生后死亡的，由其继承人继承；如胎儿出生时就是死体的，由被继承人的继承人继承。"按照这些法律规定，遗腹子能够继承遗产，而且遗产分割时，应当为遗腹子保留继承份额，由遗腹子出生后继承。遗腹子出生时是死胎的，由被继承人的其他法定继承人继承；遗腹子出生时是活着的，但之后又死亡的，由遗腹子的继承人继承。

【案例】

李某与孙某于2001年底结婚。婚后夫妇二人经营皮鞋生意，几年下来共有存款6万元整,因未分家,钱在其公婆处保管。2005年5月,李某到医院检查发现已怀有身孕。原本红火的小日子更让人开心了,可是6月18日,孙某在回家途中突发脑溢血不治身亡。李某欲改嫁他乡,其公婆只给她2万元人民币。李某认为,自己怀有孙家的骨血,所以公婆应给胎儿应得的部分。其公婆不同意李某的请求。李某无奈之下向法院起诉。

(本案例摘自《济南时报》,《遗腹子也有继承份额》)

【案例解析】

遗产分割时应当保留胎儿的继承份额,胎儿出生时是死体的,保留的份额按照法定继承处理。据此,本案中遗腹胎儿也应该参与其父亲的财产继承,然后视胎儿出生后的情形按法定继承处理。若出生时是活体的,其继承份额由监护人李某管理;若出生时是死体的,则其继承份额由被继承人的其他法定继承人继承,本案中即由孙某的父母和妻子李某继承。

17.怎样取得继承权?

自然人主要可以通过两种方式取得继承权,一种是法律直接规定,即法定继承权的取得;另一种是合法有效的遗嘱的指定,即遗嘱继承权的取得,这两种情况主要适用于法定继承人。除此之外,非法定继承人可以通过被继承人的指定或履行遗赠扶养协议的方式取得受遗赠权。

我国继承法规定,自然人可以基于三种原因取得法定继承权:第一种是婚姻关系,婚姻法、继承法都明确规定配偶之间有互相继承遗产的权利,而且都是第一顺序继承人;第二种是血缘关系,父母、子女、兄弟姐妹间相互享有继承权;第三种是扶养、赡养关系,有扶养关系的继父母、继子女、继兄弟姐妹之间有继承权,丧偶儿媳对公婆、丧偶女婿对岳父母尽了主要赡养义务的,都享有继承权。取得遗嘱继承权必须依据被继承人生前立下的合法有效的遗嘱。被继承人在遗嘱中选定的遗嘱继承人必须是法定继承人范围之内的人,不能任意选定遗嘱继承人。此外,非法定继承人也可以通过被继承人的指定取得受遗赠权,与被继承人签订有遗赠抚养协议的,也是受遗赠人,凭遗赠抚养协议享有继承权。

【案例】

柳平是赣州市的一名医生,膝下有三个儿子,都已在赣州成家立业。自从妻子去世后,柳平就一个人孤独度日。在一次晨练中他与刚丧偶不久的张红雁邂逅,两人谈得很投机。张红雁有两个孩子,大儿子高骏在赣州经营着一家公司,小女儿高铭是南昌市一所学校的老师。1991年下半年,柳平与张红雁走到了一起。同年,柳平从医院退休,到南昌市租了一间店面开起了诊所。1993年,柳平夫妇在南昌购买了一栋价值30万元的别墅。天有不测风云,2003年7月,患有心脏病的柳平突然发病去世,没有留下任何遗言。

就在柳平去世一个月后,张红雁把房子以33万元的价格卖了。柳平的儿子柳江风兄弟得知后十分不解,他们觉得继母不应该瞒着他们私自把房子转手,况且这套别墅在目前的价值也远不止33万。柳江风兄弟找到张红雁理论,要求继承父亲的遗产。张红雁拿出了别墅的产权证书,强调自己是房子的产权所有人。她表示,自己完全有权处理房子,不需要与任何人商量。双方为遗产僵持不下,柳江风兄弟三人随后告上法院。据了解,柳平在赣州还有一处房产以及银行存款4万余元。柳江风兄弟三人提出,房子是父亲生前与张红雁共同购买的,可父亲去世后,张红雁却私自把房子转卖出去,况且卖出的价格非常低。张红雁的行为严重地损害了他们的合法继承权。

张红雁在法庭上提交了两份证据,其中一份是儿子高骏的5张银行取款单,数额为25万元,证明房子是高骏出资购买;另外还有一份自己与儿子高骏签下的赠与协议,证明高骏把房子赠送给了自己。房产是高骏的财产,而不是自己与柳平的夫妻共有财产,不属于遗产范围。

(本案例摘自《新法制报》,《老父去世后母私卖别墅 赣3兄弟告赢继母得到继承权》,作者:刘小鹏)

【案例解析】

按照我国法律规定,夫妻在无约定的情况下,结婚之后直到婚姻关系终止之前,双方所得的财产为夫妻共有。本案中,张红雁与柳平在1991年结婚,1993年购买房屋。张红雁和高骏二人是有利害关系的当事人,签订赠与协议没有其他证人在场,且没有其他证据佐证。因此,该房屋应是张红雁和柳平的共同财产。于是法院作出判决,柳平与张红雁共有一栋别墅价值33万元,另外还有赣州的一处房产及银行存款等,总价值为41.6万元。除张红雁个人财产为20.8万元外,张红雁和柳江风三兄弟四人平均继承柳平遗产20.8万元。

18.继承人能不能放弃继承遗产?

继承人在继承开始后、遗产分割前,可以放弃继承遗产,而且这种放弃不需要征得其他任何人的同意。但放弃继承权并不是随时随地任意放弃,需要注意这样几点:(1)继承人必须在继承开始之后、遗产分割前就放弃继承遗产。遗产分割前,继承人没有放弃的,就被认为接受了继承。遗产分割之后,继承人所享有的不再是遗产的继承权,而是财产的所有权。(2)放弃继承遗产必须明确向其他继承人表示出来,没有明确表示的,就被认为接受了继承。(3)放弃继承遗产最好采用书面形式,口头放弃也可以,但必须本人承认或有其他充分的证据证明,才被认为有效。在诉讼中,继承人向人民法院以口头方式表示放弃继承的,还要制作笔录,并且由放弃继承的人签名。(4)如果继承人放弃继承遗产会导致其不能履行法定义务,比如在继承人有能力的情况下不尽赡养、扶养义务而导致被继承人因必需的生活费所负的债务,被继承人为继承人的个人事务,如结婚、上大学等所欠的债务,继承人抚养未成年子女、赡养老人的法定义务,支付被继承人丧葬费用的法定义务,缴纳税款、罚金的法定义务,等等,此时不能放弃继承遗产。(5)放弃继承遗产之后,继承人不能再继承被继承人的遗产,而且依照民法的一般原理,这种放弃应该是从继承开始时就发生效力。也就是说,继承人放弃继承权之后,从继承开始时有关被继承人的遗产和被继承人遗留的债务,都与放弃继承的人无关。(6)继承人明确表示放弃继承遗产之后,一般情况下不得反悔。(7)如果继承人在继承开始后想放弃继承遗产,但却一直没有明确表示,并且想放弃继承的继承人在遗产分割前死亡的,等同于没有放弃继承,他的继承遗产的权利转移给他的合法继承人。

【案例】

中年女子沈某与卢某于1998年10月结婚,二人都是再婚。婚后,二人与卢某的父亲一起居住。2003年3月,卢某父亲去世。此后,卢某通过继承及赠与方式将该套房屋从老人名下过户到沈某名下。2006年,老人的其他几个子女得知上述情况后诉至法院,要求确认卢某的继承、卢某与沈某间的赠与无效,并主张重新分割遗产。经审理,老人其余子女的诉讼请求获得了法院的支持。该房重新继承时,卢某及其他兄弟姐妹5人声明放弃,由长兄继承了该处房产,并于2007年10月办理了产权转移登记手续。对此,沈某非常不满,其以丈夫卢某声明放弃继承权,并将双方婚后自建两间小房一并作为遗产放弃,侵犯了其合法权益为由提起诉讼,要求确认卢某放弃上述财产的行为无效。

(本案例摘自北方网:《丈夫放弃继承遗产 妻子起诉要求确认无效》,作者:侯静)

【案例解析】

继承开始后,继承人放弃继承的,应当在遗产处理前,做出放弃继承的表示,没有表示的,视为接受继承。本案法院审理后认为,被告卢某放弃财产继承权并未侵犯原告合法权益,其诉请无法支持。关于原告主张的两间小房,因双方对权属存在争议,应先析产确权,与本案不属于同一法律关系,不予合并审理。由此,法院判决驳回原告诉求。

19.哪些行为会使继承人丧失继承权?

我国法律规定了继承权丧失的法律制度,有些行为会使继承人

继承法与农民生活

丧失继承权。

继承权的丧失是指继承人因对被继承人或其他继承人有法律规定的违法行为而被依法剥夺继承权,从而丧失继承权的法律制度。继承法第七条规定:继承人有下列行为之一的,丧失继承权:(1)故意杀害被继承人的;(2)为争夺遗产而杀害其他继承人的;(3)遗弃被继承人的,或者虐待被继承人情节严重的;(4)伪造、篡改或者销毁遗嘱,情节严重的。

在判断继承人是否有上述行为时,应注意这样一些标准:

(1)故意杀害被继承人的。需要注意:第一,继承人杀害被继承人必须是故意的。不论继承人是出于什么原因、采用什么方式杀害被继承人,不论被继承人是否被继承人杀死,也不论继承人是否受到了刑法的制裁,只要继承人是故意杀害被继承人的,都丧失继承权,无法再继承被继承人的遗产,哪怕被继承人原谅了他也是如此。第二,继承人因为过失、故意伤害、正当防卫而导致被继承人死亡的,由于继承人都不是故意杀害被继承人的,因此不丧失继承权。

(2)为争夺遗产而杀害其他继承人的。需要注意:第一,继承人杀害其他继承人的目的是为了争夺遗产,只有出于争夺遗产的目的而杀害了其他继承人,才会丧失继承权。如果继承人杀害其他继承人不是为了争夺遗产,而是因为继承遗产以外的其他原因,哪怕他最终得到了被害人应继承的遗产份额,但因为不是为了争夺遗产而杀害其他继承人的,也不会丧失继承权。第二,继承人已经实施了杀害其他继承人的行为,不论杀害的手段如何,不论结果如何,都丧失继承权。如果继承人只是在大脑中构思了杀害其他继承人的计划,或者向别人表露了这种想法,而没有付诸实施,则不丧失继承权。第三,继承人为了争夺遗产杀害的对象是其他继承人,而不是继承人以外的人。继承人杀害的不管是法定继承人,还是遗嘱继承人,都丧失继承权。但如果该继承人杀害的是其他继承人以外的人,不是为了争夺遗产,不丧失继承权。

(3)遗弃被继承人的,或者虐待被继承人情节严重的。这一条规定中有两个并列的行为:遗弃被继承人或者虐待被继承人情节严重,有其中之一就丧失继承权。对于遗弃被继承人的这种行为,需要注意:第一,遗弃指的是在继承人有赡养或抚养能力的情况下,不履行赡养抚养的义务。如果继承人并没有赡养或抚养的能力,就不丧失继承权。第二,被遗弃的被继承人没有独立生活能力,比如年龄非常大,或非常小,或者有很严重无法独立生活的疾病等。如果被遗弃的被继承人能够独立生活,继承人不会丧失继承权。第三,如果遗弃是因为被继承人的过错,比如被继承人经常打骂、虐待继承人导致继承人不敢与其来往的,继承人不丧失继承权。

对于虐待被继承人情节严重的这种行为,必须同时满足两个条件:第一,虐待了被继承人,即在肉体或精神上对被继承人进行了折磨或摧残;第二,必须是情节严重的虐待,即手段恶劣残忍,频繁、长期地进行虐待等。按照法律规定,可以从实施虐待行为的时间、手段、后果和社会影响等方面去认定虐待的情节是否严重。此外,法律还规定,如果继承人虐待被继承人情节严重,或者遗弃被继承人的,而且以后确实有了悔改的表现,并且被虐待人、被遗弃人生前又对该继承人表示了宽恕,该继承人就不丧失继承权。

(4)伪造、篡改或者销毁遗嘱,情节严重的。这里所说的伪造是指被继承人生前根本没有立遗嘱,但继承人为了争夺遗产或者独吞遗产,以被继承人的名义制造了假遗嘱。如果被继承人生前有过口头遗嘱,而继承人通过制造假的证人证言使遗嘱的内容变得对自己有利,也属于伪造遗嘱的行为。篡改是指继承人发现遗嘱内容对自己不利时,随意改变、增加或减少遗嘱的内容,使遗嘱变得对自己有利。销毁是指继承人发现遗嘱内容对自己不利时,为了独吞遗产而将遗嘱毁掉,比如烧掉、撕毁、吃掉等行为。伪造、篡改、销毁三种行为的目的都是为了争夺或独吞遗产,因此,继承人应该是出于故意而伪造、篡改或者销毁遗嘱,如果不是故意而是过失,则继承人不丧失继承权。还有一点需注意,按照法律规定,这里的情节严重指的是继承人伪造、篡改或者销毁遗嘱的行为,侵害了缺乏劳动能力又没有生活来源的

继承法与农民生活

继承人的利益,并且使其生活困难的情况。

以上的任何一种行为都会使继承人丧失继承权,但是继承人丧失的是被他伤害的这个被继承人的继承权,而不是继承人对其他被继承人的继承权。比如,如果儿子杀害了父亲,他就丧失了对父亲遗产的继承权,但他对母亲的遗产还是有继承权。

如果继承人在继承开始之前有上述行为之一,继承人就丧失了继承的资格;如果继承人在继承开始后发生了上述行为,则继承人丧失继承权要追溯到继承开始时,即从继承开始时,该人就不是继承人;如果继承人在丧失继承权时已经占有了遗产,则被其占有的遗产属于不当得利,要返还。

按照法律规定,继承人只要有上述行为之一,就丧失了继承权,但在生活中,继承人之间可能会对某继承人是否丧失继承权意见不一致。因此发生纠纷,这时候可以先调解,调解不成的,可以起诉到法院,由人民法院根据法律的规定,判决确认某继承人是否丧失继承权。

【案例】

早年丧夫的秦大妈有两个儿子。在外地工作的大儿子秦某华甚是孝顺,经常寄钱回家和看望母亲。与母亲生活在一起的小儿子秦某国却虐待秦大妈,故意让母亲吃冷菜剩饭,看不惯母亲体弱多病,也不带秦大妈到医院看病;有时还在家里地板上泼洒菜油,让秦大妈几次滑倒在地;冬天,秦大妈洗澡时,秦某国常关掉热水器的天然气,使得秦大妈受冷感冒。秦某国多次打骂母亲,有一次还把秦大妈左臂桡骨打断。2001年12月,秦大妈和他人聊天时说,以后的财产不给小儿子一分钱,还向当地居委会、街道、派出所、妇联反映了自己受虐待的情况。在有关部门的教育和帮助下,2002年1月,秦某国当着居委会同志的面向母亲写下悔过书。后来,秦某国开始转变,对母亲体贴孝敬,经常嘘寒问暖,秦大妈精神愉快,身体好转。秦大妈感到非常高兴,并明确表示原谅小儿子。2005年12月,秦大妈因遇车祸死亡,留下私房一套。在分割遗产时,大儿子秦某华说弟弟秦某国虐待母亲情节严重,并被母亲取消了继承权,所以无权继承遗产。秦某国认为自己已经悔改,得到了母亲的宽恕,应当有权继承遗产。双方争执不下,诉至法院。

（本案例摘自重庆原野律师事务所案例,《怎样确认虐待被继承人的继承人是否丧失继承权？》）

【案例解析】

本案中,弟弟秦某国原有虐待母亲的行为且情节严重,但后经教育确有悔改并得到母亲宽恕,因此不属于我国继承法第七条中规定的丧失继承权的情形,法院不予确认秦某国丧失继承权,故判决遗产由秦某华和秦某国共同继承。

20.怎样保护受到侵害的继承权？

生活中,经常会遇见继承权被侵害的情况。比如,被继承人的遗产被无继承权的人占有,而继承人没有得到遗产；本应由某继承人一人继承的遗产却被其他继承人共同占有；本应由全体继承人共同继承的遗产却被某继承人一人独占,等等。法律规定,当继承人的继承权受到侵害时,继承人有权请求人民法院给予法律保护,强制侵权人恢复继承开始时的状态,返还被侵占的遗产或者赔偿继承人遭受的损失。继承权受到侵害的继承人可以亲自向法院提出请求。当被侵害的继承人是限制民事行为能力人或者无民事行为能力人时,则由其法定代理人以被侵害人的名义代为行使。胎儿的继承权受到侵害时,由于其父亲是被继承人,已经死亡,因此只能由其母亲代向法院提出请求。

【案例】

某村有一对老夫妇,膝下无子,只有一个女儿王某,后将本村的刘某招赘为婿,与王某一同伺候老人,小两口婚后生有一个女儿。可好景不长,女婿过了两年就不愿和岳父母一家生活下去。起初他和妻子小吵小闹,进而拳打脚踢,而且还辱骂、诽谤岳父母,经当地政府多次调解无效离婚。女儿随母亲王某生活。婚前,刘某曾继承其父母的房屋七间半，存款4300元，约定为夫妻共同财产。可离婚时，刘某变卦了，他一分钱、一间房屋都不愿给妻子，妻子无奈只好作罢。离婚不久，刘某外出期间因车祸身亡，王某便和家人一起料理了后事。刘某生前有一个姐姐嫁在外村，弟弟死后，她认为姐弟间有相互继承权，而且王某与弟媳已离婚，其弟的遗产应由她继承。二人为此发生争执。那么，刘某的遗产如何继承？

（本案例摘自法律教育网）

【案例解析】

本案例中，刘某的姐姐要求继承刘某的遗产是不受法律保护的。因为刘某与其妻离婚后，并不能解除其与女儿的权利义务关系，其女儿应是刘某的第一顺序继承人，而刘某的姐姐是第二顺序继承人，所以，刘某的遗产应当由第一顺序继承人女儿继承，而不是由第二顺序继承人他的姐姐继承。第一顺序继承人刘某的女儿的继承权应当受到保护。

21. 继承权被侵害时，继承人在多长时间内可以上告法院？

法律为了督促继承权被侵害的人及时维护自己受到侵害的继承权，规定了诉讼时效制度，即规定一定长度的时间，继承权被侵害的继承人必须在这个时间段内请求法院保护自己的权利，超过这个时间段再上告法院，法院就不再保护其被侵害的继承权。继承法第八条规定："继承权纠纷提起诉讼的期限为二年，自继承人知道或应当知道其权利被侵犯之日起计算。但是，自继承开始之时起超过二十年的，不得再提起诉讼。"继承权受到侵害的继承人，如果想要上告法院保护自己的继承权，就要从知道继承权被侵害那天起的两年之内上告，如果两年之内没有上告，即便两年之后上告法院，法院也不再保护其受到侵害的继承权。如果继承人一直不知道自己的继承权受到了侵害，直到继承开始的二十年之后才知道，即便知道后立即上告法院也不行，因为此时已经超过二十年的期限，继承人不能再向法院提起诉讼以保护自己的继承权。

此外,还要注意"应当知道",这是法律上的一种推定,即便继承人实际上不知道他的继承权已经受到了侵害,但只要客观上存在继承人应该知道的条件和可能,是由于继承人自己的过错导致应知而不知道时,仍推定继承人已知道。比如有宣告失踪或者宣告死亡的公告、送达司法文书的公告等,即使继承人没有看到公告,但法律仍然会推定继承人已经看到和知道;再如挂号的信函、电报等已经有人收到并签字,即使是签收人或者其他第三人的失误导致继承人确实没有看到,法律也推定为继承人已经看到或知道,从这时起开始计算,继承人必须在两年内提起诉讼,超过两年,法院不再保护其继承权。因此,继承权被侵害时,继承人一定要在法律规定的时间内提起诉讼,否则,自己受到侵害的权利就会失去法律的保障。

在计算两年的期限时,还有几种特殊情况需要了解:

第一,在两年期限内,继承人若已经知道他享有继承权,但是因为不可抗拒的事由导致其没有办法继承,或者继承人已经知道他的继承权被侵害,但他却由于不可抗拒的事由没有办法向法院提起诉讼时,法院可以按照中止诉讼时效来处理,即期限的计算暂时停止,等到不可抗拒的事由消除时起,才继续计算。这里的"不可抗力"是指不能预见、不能避免、不能克服的客观情况,包括各种自然灾害和非出于权利人意思的"人祸",如瘟疫、暴乱等。比如,某人于2002年5月4日知道自己的继承权被侵害,一年半后(2003年11月4日)他准备抽空向法院起诉,但2003年11月5日发生了地震,去往法院的公路被严重损坏,他无法到达法院。2003年的12月5日公路才被修好,那么从公路被震坏时起,诉讼时效暂时中止,11月5日到12月5日修路的这一个月不计算在诉讼时效之内,到公路再次修好的12月6日诉讼时效期限继续计算,加上之前的一年半,满两年后终止。

第二,继承人在知道自己的权利受到侵犯之日起的两年之内,遗产继承权的纠纷在人民调解委员会进行调解期间,也可以按照中止诉讼时效处理。两年诉讼时效期内,如果继承权纠纷在人民调解委员会进行调解,则从调解开始时起,暂停计算,等调解完毕后在此前的基础上再次计算。比如，某人于2005年3月2日知道自己的继承权受到侵犯，则诉讼时效期间从2005年3月2日开始计算，到2007年3月1日结束。但是，如果在这两年期间该遗产纠纷在人民调解委员会调解了三个月，则从人民调解委员会调解开始，诉讼时效暂时中止三个月，调解结束时才继续计算。

第三，当继承人由于该遗产继承纠纷向人民法院提起诉讼时，诉讼时效中断。诉讼时效中断不同于诉讼时效中止，中止是在以前经过时间期限的基础上继续计算，但中断则是重新计算，不论以前经过了多久，是不是还在诉讼时效期间，两年的诉讼时效期间重新计算。

第四，自继承开始之日起的第十八年至第二十年期间，继承人才知道自己的权利被侵犯的，他提起诉讼的权利，应当在继承开始之日起的二十年内行使，超过二十年的，不能再提起诉讼。如某人于2006年10月5日知道自己的继承权被侵害，该继承是1987年9月3日开始的，那么此人必须于继承开始后的二十年，即2007年9月2日之前提起诉讼。2007年9月2日以后，继承开始已满二十年，因此他不能再提起诉讼。

【案例1】

吴某于1999年死亡，留有一栋私房。吴有儿女三人，私房由小儿子居住。小儿子于2006年将私房推倒重建两间三层楼房。现其他两人诉至法院，要求继承其父遗产。小儿子提出本案诉讼时效已过两年，同时继承物——私房已灭失，不存在继承之说。

（本案例摘自山东济南推荐律师网，《继承纠纷的诉讼时效》）

【案例解析】

继承的诉讼时效为二十年，自被继承人死亡之日起开始计算，但继承人知道或应当知道自己的继承权受到侵害的，诉讼时效期间为两年。本案中，吴某于1999年死亡，诉讼时效为1999年至2019年。继承法第二条规定："继承从被继承人死亡时开始。"第二十五条第一款规定："继承开始后，继承人放弃继承的，应当在遗产处理前，做出放弃继承的表示。没有表示的，视为接受继承。"假定吴某的继承人只有子女三人，由于小儿子以外的其他子女在继承开始之后并未做出放弃继承的表示，视为接受继承，所以该遗产已在1999年由三名子女共同继承，房屋实由吴某的三子女共同共有。2006年，小儿子推倒私房重建两间三层楼房，侵害了其他所有人的共同所有权。其他所有人对于小儿子重建的楼房是否仍然拥有所有权，能否主张共同共有或分析应有份，均不属于继承权争议，应当适用民法通则的普通诉讼时效。民法通则规定的诉讼时效也是二十年，自权利受到侵害之日起开始计算，但是权利人知道或应当知道权利受到侵害的，向人民法院请求保护权利的诉讼时效期间为二年（民法通则第一百三十五条、第一百三十七条）。据此，认为弟弟翻建共有房屋，侵害自己权利的兄姐，应当于2008年之前，向人民法院请求保护所有权。

【案例2】

王老先生生前有一住宅，是他的个人合法财产，且无遗嘱处理。他与小儿子共同居住，死亡后，小儿子仍居于此住宅中。王老先生的长子并没有说什么，也没有表示要不要房子。十二年后的一天，哥哥得知弟弟私下将此住宅的房屋所有权证由父亲的名字改成了他自己的名字，心中愤愤不平。于是，哥哥诉至法院要求进行继承，弟弟认为哥哥因在父亲死亡后两年内未诉讼，已过了诉讼时效，不同意哥哥的要求。

【案例解析】

根据继承法第八条的规定，继承诉讼的时效"自继承人知道或者应当知道其权利被侵犯之日起计算"，所以哥哥在知道弟弟私下变更房屋产权后两年内进行诉讼，并没有超过时效，因此，法院支持了哥哥的诉讼请求。

22.继承的方式有哪些？

继承法规定，继承的方式有四种：法定继承、遗嘱继承、遗赠、遗赠扶养协议。

法定继承是指在没有遗赠扶养协议和遗嘱的情况下，继承人根据法律规定的继承人范围、继承顺序以及遗产分配的原则，取得被继承人遗产的继承方式。继承人范围、继承顺序、继承条件、继承份额、遗产分配原则、继承程序等都由法律直接规定。

遗嘱继承是指按照被继承人生前所立的、合法有效的遗嘱进行遗产转移的法律制度。这里的遗嘱是指被继承人生前在法律允许的范围内，按照法律规定的方式对其遗产或其他事务所作的处理或交代。只要符合法律规定，被继承人在遗嘱中可以确定遗产的继承人、继承人的顺序、遗产分配方式等事项。

遗赠是指被继承人通过设立遗嘱，把遗产的全部或一部分无偿赠给国家、社会组织或法定继承人以外的人。遗赠不同于普通赠与，它只有在被继承人死后才能生效，被继承人只要还活着，遗赠就不能进行。

遗赠扶养协议是指遗赠人生前和扶养人（其他人或组织）所签订的一种协议，遗赠人的全部或者部分财产在其死亡后会按协议规定转移给扶养人所有，而扶养人必须要承担自签订协议时起至遗赠人死亡时止这段时间内遗赠人的生养死葬。遗赠扶养协议主要是一些无人赡养的老人和愿意扶养老人的人所签订的，一经成立，双方都必须遵守。

更准确地讲，继承只是指法定继承和遗嘱继承，但为了便于理解，一般把遗赠和遗赠扶养协议也归入继承的方式，因为法定继承、遗嘱继承、遗赠、遗赠扶养协议都是对死者遗产进行分配的方法。四种方式在同一个继承中可以同时适用，但效力有所不同，遗赠扶养协议的效力最高，遗赠和遗嘱继承效力相当，但遗赠中接受赠与的人必须是法定继承人以外的人、国家或其他组织，而遗嘱继承中的继承人则必须是法定继承人范围内的人，法定继承效力最低。继承开始后，如果有遗赠扶养协议的，就要先执行遗赠扶养协议，执行完遗赠扶养协议剩余的遗产或者没有遗赠扶养协议的，再适用遗嘱和遗赠，执行完遗嘱和遗赠还有剩余的遗产或者没有遗赠或遗嘱的，再按法定继承处理。

【案例1】

李树纲以打渔为生,有一幢两层楼房,共12间房。女儿李玲出嫁多年,常有来往。长子李全喜,用自己经商收入建房4间,自成家庭。李全喜早年丧妻,遗子李山,后娶妻任平,生子李林。李山是复员军人,为成立小家庭用复员费购置新房2间,娶妻何慧,生女李洁。李树纲的次子李全兴已病故,妻子王氏带儿子李明星另嫁。李树纲有一个朋友宋建曾帮助过他,李树纲想赠与宋建一笔钱,但宋建未接受。李树纲曾写下待自己死后将自己房屋2间赠给宋建的儿子宋明的字据。年初,李树纲、李全喜、李山三人出海打渔,遇台风船毁人亡,但各人死亡时间不能确定。丧事完毕,死者亲属们为房产分割发生纠纷。李玲认为,其兄已死,她是李树纲唯一子女,要求继承李树纲的房屋12间;任平认为李玲是出嫁女,不能回娘家分房子,她系李树纲的丧偶儿媳,因此房屋应由她和李林继承;另外,她认为有权继承其子李山的房产。何慧不同意他们的意见,她和李洁均请求分割遗产,李明星也要求继承。宋明得知受遗赠后三个月来一直未表示态度,但在发生纠纷时也提出分割遗产要求。

(本案例摘自考研教育网,1995年全国律师资格考试试卷三试题)

【案例解析】

如果一个案例中同时包含了法定继承、遗嘱继承、遗赠扶养协议等几种情况时,就要分别认定遗嘱和遗赠扶养协议是否有效,并结合法定继承问题进行全面分析。本案中,李树纲、李全喜、李山均为被继承人,遗产为三人的18间房屋。按照有关法律规定,本案中应认定李树纲先死亡、李全喜次之、李山最后死亡。案件中其他当事人的继承权利和理由是:根据婚姻法中"父母和子女有相互继承遗产的权利"的规定,李玲享有对李树纲遗产的继承权。任平与何慧不属李树纲法定继承人范围的人,也不属于对公婆尽主要赡养义务的丧偶儿媳,因此不能继承李树纲的遗产。李明星之父李全兴先于李树纲死亡,李明星对李树纲的遗产享有代位继承权。李全喜是李树纲的继承人,李全喜死后,他继承李树纲的一份房产转继承归其继承人继承。宋明三个月内未表示接受李树纲的遗赠,应视为放弃受遗赠。李全喜的遗产应由任平、李林、李山共同继承。因李山已死亡,其继承李全喜的遗产,转归何慧和李洁共同继承,李山的遗产应由何慧和李洁共同继承。任平是李山的继母,但与李山未形成实际扶养关系,依法不能继承李山的遗产。

【案例2】

陈某家中共有兄弟姐妹五人(两男三女),其父母生前有过一套私房,后该房动迁,父母分到了两套商品房。因两位老人需要人照顾,经家庭协商,这两套房屋便由父母与两兄弟及其家人共同居住。现两老人均已去世,三姐妹要求将该两套房屋作为遗产予以分割,兄弟俩对此没有异议,表示同意姐姐们的请求,遗产平均分割。可陈某的妻子徐某却提出异议。她认为,私房动迁时她已和陈某结婚,当时陈某的父母明确和两个儿子约定,两套房屋的产权以书面形式赠与两个儿子,他们负责解决老人今后的居住生活。现老人去世,而老人生前已对自己的房屋进行了处分,故老人名下已无房产,三姐妹对动迁所得的房屋根据法律规定已经不享有继承权。为了证明自己的说法,徐某当庭提供了房屋动迁安置协议及赠与协议等书面证据。

(本案例摘自东方网《劳动报》,《两套房屋究竟谁有权继承,四种继承方式有先后》)

【案例解析】

本案中的赠与看似有效,但我国继承法规定,法定继承人不宜作为遗赠扶养协议的扶养人。因为子女本来就对父母有法定赡养义务,不适用遗赠扶养协议的约束。本案中原被告父母生前并未留下合法有效的遗嘱,应按法定继承来处理,但考虑到两兄弟在父母生前尽了较多的赡养义务,因此可以相对多分一些。

第二章 法定继承

1.什么是法定继承？

法定继承是指被继承人生前未立遗嘱处分其遗产，或者所立遗嘱无效时，继承人按照法律规定的继承人范围、继承顺序、遗产分配原则取得被继承人遗产的继承方式。法定继承具有如下特点：第一，法定继承中继承人的范围、继承顺序及遗产分配的原则，都是法律明确规定的，这就意味着它具有强制性，不是随意可以改变的。第二，法定继承人和被继承人之间是存在一定的人身关系，法定继承是依据血缘关系、婚姻关系或者扶养关系而发生的。第三，法定继承是对遗嘱继承的一种补充和限制。说它是一种补充，是因为它的效力要受到遗嘱继承的制约，即被继承人立有遗嘱的，按照遗嘱继承处理，没有遗嘱或者遗嘱无效时，才按法定继承办理；说它是一种限制，是因为遗嘱继承人必须要在法定继承人的范围内选择。

2.什么情况下适用法定继承？

在哪些时候才适用法定继承呢？法律有明确的规定，被继承人死亡后没有遗赠扶养协议或者遗赠扶养协议无效的，适用遗赠或者遗嘱继承；没有遗赠、遗嘱或者遗赠遗嘱无效的，才适用法定继承。除此之外，法律规定，在下列情况下，遗产中的相关部分也要按照法定继承办理：(1)继承开始后、遗产分割前，遗嘱继承人放弃继承或者受遗赠人放弃受遗赠的，遗嘱或遗赠中所涉及的财产按照法定继承办理，由被继承人或者遗赠人的法定继承人继承。遗嘱继承人放弃继承之后，不能再参加法定继承。(2)遗嘱继承人丧失继承权的。前面说过，遗嘱继承人会由于一些行为而丧失继承权，不能取得遗产，此时遗嘱中所涉及的相关财产按照法定继承办理。遗嘱继承人丧失继承权后，也不能以法定继承人的身份再参加继承。(3)遗嘱继承人、受遗赠人先于遗嘱人或遗赠人死亡的，没有了遗嘱继承人或受遗赠人，遗嘱或遗赠就不能生效，此时所涉及的财产按法定继承处理。但若被继承人在遗嘱继承人或受遗赠人死后又立了新遗嘱，就要按照新遗嘱继承，而不是法定继承。(4)遗嘱无效的那部分所涉及的遗产。遗嘱不论是在形式上还是内容上，都要符合法律的规定，合法的遗嘱在立遗嘱人死亡后才能生效，其所涉及的遗产才能按照遗嘱来分配。不符合法律规定的无效遗嘱中所涉及的财产只能按照法定继承来办理。如果遗嘱全部无效，遗嘱中所涉及的全部财产都要法定继承；如果遗嘱是部分无效，无效部分所涉及的遗产就要法定继承。(5)遗嘱未处分的遗产。生活中经常见到被继承人在遗嘱中处理的遗产只是自己部分财产的情况，遗嘱中涉及的被继承人的遗产要按照遗嘱继承处理，遗嘱中被继承人没有处理的其他遗产，要按照法定继承来办理。(6)遗嘱中指定给胎儿的遗产，或者分割遗产时为胎儿保留的那部分遗产，如果胎儿出生时是死体的，包括胎儿流产的(既包括人工流产，也包括自然流产)，此时原本为胎儿保留的那些遗产就要按照法定继承来办理。

【案例】

王某，女，58岁，未婚；她的大学同学李某，男，61岁，两人共同创办了一家化工原料公司，现已有一定规模。李某妻子去世多年，膝下没有子女。他们两人在共同创业过程中，克服了种种困难，相互理解，配合默契，双方感情日渐加深，终于在半年前登记结婚了。因王某是初婚，李某想好好地请亲朋好友庆祝一下，同时也想带王某到他家乡看看，但因工作很忙，没能抽出时间就拖延下来。但非常不幸的事情发生了，李某得了疾病身亡。这时，从李某家乡来了个侄子，要求继承李某的财产，并指责王某说："你和李某结婚，我们家乡人谁也不知道，你们也没有举行过婚礼，亲朋好友也没请过，我们不承认你是李家的人，你无权继承李某的财产。我是他亲侄子，才是他唯一的继承人。"对于这种说法,有些人也认为王某和李某结婚才几个月,现在李某去世,这个公司就成了王某的了,不能理解。王某认为她和李某虽然结婚时间不长,但他们按法律手续已登记注册结婚,她是李某的合法妻子,她才是李某唯一的法定继承人。

(本案例摘自《北京老干部》2003 年第 3 期)

【案例解析】

按照婚姻法第八条的规定:"要求结婚登记的男女,双方必须亲自到婚姻登记机关进行登记。符合本法规定的予以登记,发给结婚证。取得结婚证,既确定夫妻关系。"王某和李某依法履行了结婚登记手续,领取了结婚证书,婚姻关系成立。举行结婚仪式仅仅是我国民间的风俗,并不是必需的法律程序,即使双方举行了婚礼,并宴请了亲朋好友,双方同居,但没有到婚姻登记机关进行登记,领取结婚证书,其婚姻关系就没有法律效力,不受国家法律保护。因此,虽然王某和李某结婚时间不长,未举行结婚仪式,但王某和李某已进行了结婚登记,其婚姻关系是合法的,受到法律的承认和保护。婚姻法第二十四条规定:"夫妻有互相继承遗产的权利。"王某是李某的合法妻子,因此王某是李某法定遗产继承人。继承法第十条规定了法定继承人的继承顺序,按照此规定,王某不仅是李某的合法继承人,同时也是李某第一顺序继承人和唯一继承人。

3.哪些人是法定继承人?

法定继承人是指依法律规定在继承中享有继承权的人。我国继承法规定,被继承人的配偶、子女、父母、兄弟姐妹、祖父母、外祖父母都是法定继承人,但是继承顺序有所不同;孙子女、丧偶儿媳或女婿对公婆、岳父母尽了主要赡养义务的,也是法定继承人,而且是第一顺序的法定继承人。

实际生活中,在某些特殊情况下判断某人是否为法定继承人还需要一些具体的标准,分别如下:

(一)配偶。男女双方自结婚之日起就成为夫妻,互为配偶。我国法律规定,配偶双方互相是对方的法定继承人。但要注意的是,配偶要成为法定继承人的前提是在被继承人死亡时,和被继承人存在合法有效的婚姻。这句话包含两个意思:(1)和被继承人的婚姻是合法有效的婚姻,即他们结婚是按照法律规定登记过的,取得了结婚证书,是被法律承认的。(2)在被继承人死亡时,婚姻还是合法有效的。如果在被继承人死亡时,他们已经离婚了,那么即使曾经有过合法有效的婚姻,但此时由于他们已经不存在婚姻关系,所以没有继承权。

(二)子女。包括婚生子女、非婚生子女、养子女、继子女。他们不分男女、不分长幼,都平等地享有对父母遗产的继承权。(1)婚生子女,也就是合法夫妻所生的子女。(2)非婚生子女,是指没有合法婚姻关系的人所生的子女,也就是生活中所说的私生子,比如非法同居所生的孩子,婚外恋所生的孩子等。成为私生子是孩子父母的原因造成的,和孩子没有关系,不应该让孩子承担责任,因此,我国婚姻法规定:"非婚生子女与婚生子女享有同等的权利,任何人不得加以危害和歧视。"非婚生子女是法定继承人,能够继承父母的遗产。(3)养子女,指经过合法收养的子女,就是生活中那些领养的、过继的孩子。养子女和养父母之间并没有血缘关系,但他们有与父母亲生子女一样的权利和义务,所以,养子女是法定继承人,能够完全平等地和养父母的其他亲生子女继承养父母的遗产。但要注意,这里所说的收养和过继都应该是符合《中华人民共和国民法通则》和《中华人民共和国收养法》的规定,办理了收养登记的。(1992年4月1日《中华人民共和国收养法》实施前,收养没有登记的,可以认定为事实收养关系)生活中还有直接收养孩子作为自己的孙子孙女的,他们之间的扶养关系实际上也是养父母子女关系。继承法意见第二十二条规定:"收养他人为养孙子女,视为养父母与养子女的关系的,可互为第一顺序继承人。"他们能够相互继承遗产。(4)继子女,就是指丈夫与前妻或者妻子与前夫所生的子女。只有继子女与继父母之间有扶养关系的,继子女才能够继承继父或继母的遗产。继父或继母也可以将继子女收养为养子女,这时他们之间的关系就变成了养父母子女关系,遗产的继承就要适用养子女的规定。如果有扶养关系的继子女的生父与继母或者生母与继父离了婚,一般认为,继子女对死亡的继母或继父的遗产没有继承权。

(三)父母。不论是亲生父母,还是养父母,或者是抚养教育过继子女的继父母,都能够继承继子女的遗产,都是法定继承人。

(四)兄弟姐妹。这里说的兄弟姐妹是指同父母的兄弟姐妹,不包括同祖父母的兄弟姐妹。不论是同父母的兄弟姐妹,还是同父异母或同母异父的兄弟姐妹,或者是养兄弟姐妹,以及有扶养关系的继兄弟姐妹,相互之间都是法定继承人,都能够继承对方的遗产。但要注意,继兄弟姐妹相互之间必须要有扶养关系,才能够继承遗产。

(五)祖父母、外祖父母。按照我国婚姻法和继承法的规定,祖父母、外祖父母可以继承亲生子女(包括非婚生子女)的亲生子女和养子女的遗产,也可以继承养子女的亲生子女和养子女的遗产,还能继承和自己有扶养关系的继子女的亲生子女和养子女的遗产。换句话说,祖父母、外祖父母(包括养祖父母、养外祖父母,有扶养关系的祖父母、有扶养关系的外祖父母),都是法定继承人,享有继承权。

(六)对公婆或岳父母尽了主要赡养义务的丧偶儿媳和丧偶女婿。丧偶儿媳、丧偶女婿和公婆、岳父母没有血缘关系,但由于他们对公婆和岳父母尽了主要赡养义务,因此他们对公婆和岳父母的遗产享有继承权,而且他们是我国法律规定的第一顺序的法定继承人,和其他第一顺序的法定继承人享有完全平等的继承权,即便他们再婚了,也不影响他们享有的继承权。"尽了主要赡养义务"是指长期和老人一起生活,从各方面照顾老人,给老人提供物质帮助和经济来源等。丧偶儿媳或丧偶女婿比公婆、岳父母先死亡的,一般认为,他们享有的继承权还存在,可由其子女代位继承。

(七)孙子女、外孙子女。实际上他们并不是法定继承人,但在代位继承中享有一定的继承权。

【案例1】

北京市第二中级人民法院对艺术家王式廓遗孀吴咸诉其儿女继

承纠纷案作出一审判决。已故艺术家王式廓,其作品以反映我党创业过程、绘制领袖形象及揭示农村阶级斗争为主要题材,其中《血衣》《参军》《井岗山会师》《改造二流子》等著名作品被收藏在革命博物馆、中国美术馆。王式廓一生除从事美术教学外,创作了素描、油画、版画、水墨画等1000余件作品。

本案原告吴咸系王式廓遗孀,被告王其智系王式廓与其前妻盛桂荣之子,大长荻地、王延荻、王晓欣、王群系王式廓与吴咸之女。王式廓生前所绘制的作品绝大部分为吴咸收藏,因其与子女对遗产继承发生纠纷,吴咸作为原告提起法定继承之诉。

经过现场勘验及庭审质证,法院确定王式廓的遗产范围为美术作品1329幅及穿衣镜、画桌各1个。在庭审中,双方当事人的争论焦点在于王式廓前妻盛桂荣是否应当作为继承人。法院经审理确认:根据我国婚姻法的规定,离婚属于要式法律行为。依据现有证据,可以认定王式廓与盛桂荣、吴咸的婚姻均为事实婚姻,故盛桂荣对王式廓的遗产应享有继承权。

综合以上理由,二中院判决王式廓的遗产吴咸受分521幅,王其智受分448幅,大长荻地、王延荻、王晓欣、王群各受分90幅。

(本案例摘自中国法院网,《艺术巨匠王式廓遗产继承案一审宣判》,作者:高嵩)

【案例解析】

本案中,被继承人王式廓没留有合法有效的遗嘱,也没有遗赠抚养协议,所以其遗产应该按照法定继承的相关规定来处理,毫无疑问,王式廓的遗孀吴咸和他的子女们是第一顺序继承人,理应享有继承被继承人遗产的权利。本案特殊在王式廓前妻盛桂荣是否应当作为继承人,法庭经过庭审后确认王式廓与盛桂荣、吴咸的婚姻均为事实婚姻,故盛桂荣也是合法继承人。

【案例2】

张某升与张某平于2000年6月登记结婚,张某平系再婚(结婚时带一女儿)。2002年,张某升夫妇又收养一子,但未在民政部门进行收养登记。2003年9月,张某升病故。2006年6月,张某升生前名下的房产经拍卖还债后,尚余有1万余元。张某升之父与张某平为该遗产继承发生纠纷,诉至法院。在诉讼中,张某平申请追加女儿和养子为第一顺序继承人。

(本案例摘自中国法院网,《被收养人未经登记不属法定继承人》,作者:许育哲)

【案例解析】

因张某平之女自2000年6月便随母亲与张某升共同生活,至2003年9月张某升病故,共同生活了三年有余,已形成了事实上的扶养关系,符合继承法中有关继子女的条件,可以做为第一顺序继承人参加继承。

2002年,张某升生前与张某平收养之子未在民政部门进行收养登记,根据收养法第十五条第一款、第二十三条第一款的规定,收养关系自登记之日起成立,故该收养行为不具备收养关系的生效要件,其不能以养子的身份参加继承。法院可据此确定法定继承人范围。本案中,张某升的父亲、配偶张某平、继女应作为第一顺序法定继承人,依法分割遗产。

4.未婚同居的人能不能互为法定继承人?

未婚同居虽然像是夫妻,但由于没有进行结婚登记,没有结婚证,因此并不是合法的婚姻,即使两人感情再深,也不受法律保护,所以不是法定继承人,一方死亡时,另一方不能以配偶身份继承遗产。但是,生活中经常存在没有登记结婚,但却以夫妻名义长期同居,以至于周围的人都误以为是合法夫妻的情况。在广大农村,由于缺乏法律常识,虽然按当地习俗摆过喜酒,但没有登记,并且共同生活了很多年。对这样的特殊情况,法律为了更加合理地保护他们的利益,作出规定:对未办理结婚登记而以夫妻名义同居生活的人,如果在1994年2月1日原《婚姻登记管理条例》公布实施之前已经符合结婚实质要件的,按事实婚姻对待,夫妻双方可以互相继承遗产;如果是在1994年2月1日原《婚姻登记管理条例》公布实施之后以夫妻名义同居而未办理结婚登记的,如果符合结婚的实质要件,必须要补办结婚登记,才能将其同居关系转化为合法的婚姻关系,夫妻双方可以互为继承人,互相继承遗产。如果没有补办结婚登记,仍按非法同居对待,不能互相继承遗产。同居一方在对方生前尽了主要的照顾、扶养义务的,可以分给部分遗产进行补偿,但不是以法定继承人配偶的身份取得遗产。所以,为了更好地保护自己的权益,有这种情况的人一定要尽快去补办结婚登记手续。

5.有配偶者与他人同居,该人以及其同居人能不能互为法定继承人?

我国实行一夫一妻制,有配偶者与他人同居是非法的同居关系,法律不予保护,他们不是配偶,相互不是法定继承人,不能互相继承遗产。

6.曾经是合法夫妻但离婚的人能不能互为法定继承人?

这需要区分不同的情况:(1)已经按照法定程序办理了离婚手续,就不再是合法夫妻,不是配偶,互相不能继承遗产。(2)夫妻双方感情已经破裂,说是要离婚,但还未办理离婚手续;或者正在办理但还未办完,比如已经起诉离婚;或者法院已经调解但还在审理期间;或者在一审判决离婚,判决书还没生效时,双方仍是合法夫妻,互为配偶,一方死亡,另一方可以继承遗产。(3)离婚后又生活在一起,但没有办理复婚登记手续,此时双方只是同居关系,不是婚姻关系,因此不是配偶,不能互相继承遗产。(4)已经办理结婚登记,但是婚姻法第十条规定的无效婚姻,比如是重婚,或未达到法定婚龄,或是近亲结婚,或是患有禁止结婚的疾病还没治好等情况。(5)双方已经办理结婚登记,但是婚姻法第十一条规定的应该被撤销的婚姻,主要是指被胁迫结的婚,当事人还没有按照法定的诉讼程序处理,人民法院或婚姻登记机关还没有撤销的婚姻,双方还是合法夫妻,互为配偶,能够互相继承遗产。

7.法定继承人按照什么顺序继承?

法定继承不同于遗嘱继承,遗嘱继承的继承人以及继承的顺序都由被继承人来决定,但法定继承的继承人和继承顺序都是由法律规定的。法律根据被继承人和继承人之间亲戚关系的远近,根据被继承人和继承人在生活、经济方面相互依赖的程度,将继承人分成若干顺序,继承人要按照顺序先后来继承。

按照我国继承法第十条和第十二条的规定,法定继承人应按照如下顺序来继承:第一顺序:配偶、子女、父母;第二顺序:兄弟姐妹、祖父母、外祖父母;丧偶儿媳对公公、婆婆尽了主要赡养义务的,丧偶女婿对岳父、岳母尽了主要赡养义务的,作为第一顺序继承人。

继承开始后,先由第一顺序继承人来继承,第二顺序继承人不能继承。没有第一顺序继承人的,才由第二顺序继承人继承。同一顺序的继承人,平等地享有继承权,没有先后次序之分,应当按照继承人的人数平分财产。当然也应该具体问题具体分析,比如对于生活困难的继承人或者是对被继承人尽了主要照顾义务的继承人,可以多分一些遗产。

【案例】

牛某多年前带着与前夫所生的李二和李三再嫁付某,当时李二与李三尚未成年。二十多年后,牛某因财产所有权纠纷将自己的儿子李二告上法庭。

2006年2月24日,李三在山西省某铁矿上班时因工伤事故死亡,矿方赔偿17万元,丧葬费开支2万元,偿还生前债务3万元,剩余12万元由李二代领。李三未婚,也没有子女。李二本家族人员及家属共同协商后决定,由李二之子继承李三全部家产,即将李二之子过继给已亡故的李三,并继承包括12万元赔偿金在内的李三所有财产。但牛某与付某认为自己是李三遗产的法定继承人,遂向法院提起诉讼。但考虑到李二生活困难,便放弃了其中5万元的继承权,只申请法院判令李二将另外 7 万元赔偿金归还自己。法院审理后认为，李二本家族人员和亲戚所定的继承协议无效，付某与李三已形成事实上的抚养关系，李三未婚也没有子女，其死亡赔偿款应归其父母继承。遂判决李二归还牛某、付某 7 万元。

（本案例摘自邯郸新闻网，《谁是法定继承人？》，作者：王英）

【案例解析】

本案涉及两个问题：一是"过嗣子"是否能够成为法定继承人的问题；二是继父是否能够成为继子的法定继承人的问题。"过嗣子"在法律上是不予认可的，因此不能成为被继承人的法定继承人。关于继父是否能够成为法定继承人的问题，按照婚姻法第二十七条的规定："继父母与继子女间，不得虐待或歧视。继父或继母和受其抚养教育的继子女间的权利和义务，适用本法对父母子女关系的有关规定。"继承法第十条规定："遗产按照下列顺序继承：第一顺序：配偶、子女、父母。第二顺序：兄弟姐妹、祖父母、外祖父母。继承开始后，由第一顺序继承人继承，第二顺序继承人不继承。没有第一顺序继承人继承的，由第二顺序继承人继承。本法所说的子女，包括婚生子女、非婚生子女、养子女和有抚养关系的继子女。本法所说的父母，包括生父母、养父母和有抚养关系的继父母。"本案中，李三无配偶、无子女，他的母亲及与其形成抚养关系的继父是第一顺序继承人，李二是第二顺序继承人。在有第一顺序继承人的情况下，第二顺序继承人不能继承，所以因李三死亡所获得的赔偿金应由第一顺序继承人即李三的母亲及其继父继承。

8. 继子女与继父母能不能相互继承遗产？继子女能不能继承生父母的遗产？

继子女是指再婚后丈夫与前妻的孩子或妻子与前夫的孩子。继父母是指父亲或母亲再婚后的妻子或丈夫。按照我国法律的规定，相互之间有扶养关系的继子女与继父母之间的权利义务关系和亲生父母子女之间的权利义务关系完全相同，因此，有扶养关系的继子女与继父母之间能够相互继承遗产。但需注意，必须是有扶养关系的继子女和继父母之间才能继承，没有扶养关系就不行。这里所说的扶养既包括抚养也包括赡养，是指在对方遇到困难的时候在经济上和生活上予以帮助。生活中常见的继子女受到继父母经济上的供养，继子女受到继父母的抚育，继子女在经济上赡养继父母，继子女在生活上扶助、照顾继父母，这些都形成了扶养关系。有扶养关系的继子女与继父母相互享有继承权，如生父或生母再婚后，子女随生父或生母与继母或继父长期生活在一起，形成了扶养关系，可以相互继承遗产。如果生父或生母再婚后，子女已经独立生活或者是由其他人扶养，没有与继母或继父共同生活，相互之间就没有形成扶养关系，不能彼此继承遗产。如果继父母抚养教育了继子女，但继子女没有赡养继父母，相互之间还是形成了扶养关系，但分配遗产时可以根据具体情况适当减少继承遗产的数量。

继子女继承了继父母的遗产的，不影响其再继承生父母的遗产。因为父母子女之间的关系，不会因为父母离婚而断裂，也不会因为父母再婚而消除。与继父母有扶养关系的继子女，与生父母之间的血缘关系依然存在，而血缘关系正是继承产生的根据之一，所以，和继父母有扶养关系的继子女，可以同时继承继父或继母和生父母的遗产。这一点和养子女就不同，养子女只能继承养父母的遗产，但却不能继承生父母的遗产。

同样道理，继父母既可以继承继子女的遗产，也可以继承生子女的遗产。

【案例1】

宋某与赵某再婚，宋某与前妻所生之子宋甲当时刚满两岁，由宋某和赵某共同抚养长大。宋甲经人介绍与张某结婚，由于家中住房紧张，宋某和赵某便把旧房卖掉与宋甲合买了一套新房，同在一起居住，并以宋甲的名义领取了房产证。数年后，宋某病故，丧事由其子宋甲承办。同年，宋甲又因意外事故去世。赵某与张某婆媳之间因遗产继承发生纠纷。张某以赵某是宋甲的继母为由，不同意赵某对其丈夫宋甲的继承权。

（本案例摘自法律快车，《继父母子女之间是否享有继承权》）

【案例解析】

继子女与继父母之间能否相互继承遗产，取决于他们之间有没有扶养关系。不论是继父母抚养了继子女，还是继子女赡养了继父母，只要一方扶养了另一方，就是有了扶养关系，就能够相互继承遗产了。这里的扶养关系，既包括经济上的扶助，也包括生活上的照顾。如果继父母子女之间没有这种扶养关系，那么他们就不能相互继承遗产。

本案中，该房产虽然以宋甲的名义办理了产权证，但由于是宋某和赵某卖了旧房与宋甲合买的新房，该房应属于三人的共同财产，赵某有权分割出属于自己的财产。赵某和宋甲的情况，属于有扶养关系的继父母子女，因此相互之间享有继承权，所以赵某有权继承宋甲的遗产。

【案例2】

王帅三岁时父母离婚，后他随母亲改嫁到张家，成了张家的继子。王帅和张家人相处和睦，后王帅的生父去世。对于生父的遗产，王帅认为有权继承，而王帅的兄姐认为王帅已随母亲改嫁，不应再享有对生父的继承权，于是诉至法院。

（摘自河南法院网，《继子女还能继承父母的遗产吗》，作者：李曼曼）

【案例解析】

我国婚姻法第三十七条规定："父母子女间关系，不因父母离婚而消除。离婚后，子女无论由父或母直接抚养，仍是父母双方的子女。"由此可见，王帅随母改嫁，一方面他跟继父的权利义务关系就等于跟生父的权利义务关系。另一方面，他与生父的权利义务关系并不因父母离婚而改变。所以，王帅既可继承继父遗产，仍可以继承生父遗产，王帅继承生父遗产的权利并不因为成了张家的继子而改变。

9.养父母与养子女之间能不能互相继承遗产？养子女能不能继承生父母的遗产？

养父母和养子女的关系是由于收养行为而产生的，合法的收养行为，使养父母和养子女之间形成了与生父母子女相同的权利义务。因此，办理了合法的收养手续后，养父母与养子女相互享有继承权，养父母能继承养子女的遗产，养子女也能继承养父母的遗产。收养关系解除后，养父母和养子女之间不再享有继承权，彼此不能继承遗产。

养子女对生父母的遗产是否有继承权，法律也有规定。婚姻法第二十六条规定："养子女和生父母间的权利和义务，因收养关系的成立而消除。"收养法第二十三条第二款规定："养子女与生父母及其他近亲属间的权利义务关系，因收养关系的成立而消除。"因此，在收养关系成立之后，养子女就不能再继承生父母的遗产。当然也有例外，继承法意见第十九条规定："被收养人对养父母尽了赡养义务，同时又对生父母扶养较多的，除可依继承法第十条的规定继承养父母的遗产外，还可依继承法第十四条的规定分得生父母的适当的遗产。"但这是以养子女对生父母较多的扶养为前提的。在养父母自然死亡之后，养子女又与生父母恢复关系的，养子女既可以继承养父母的遗产，也可以继承生父母的遗产。

收养关系解除后，养子女不能再继承养父母的遗产，对于亲生父母的遗产能不能继承，会由于养子女成年或未成年而有所不同。收养法第二十八条规定："收养关系解除后，养子女与养父母及其他近亲属间的权利义务关系即行消除，与生父母及其他近亲属间的权利义务关系自行恢复，但成年养子女与生父母及其他近亲属间的权利义务关系是否恢复，可以协商确定。"因此，未成年的养子女在收养关系解除后，与生父母之间的继承权自行恢复，能继承生父母的遗产。但成年的养子女在收养关系解除后，与亲生父母之间的权利义务是不是恢复，要由他们协商决定，协商结果是恢复父母子女关系的，就享有对生父母遗产的继承权,能够继承生父母的遗产。

养父母在养子女死亡之前依法解除了收养关系的,养父母就不能继承养子女的遗产。但是,解除收养关系是由于成年养子女虐待、遗弃养父母的,养父母可以要求养子女补偿收养期间支付的生活费和教育费。收养关系是由于生父母的要求而解除的,养父母也可以要求生父母适当补偿收养期间支出的生活费和教育费。

【案例1】

某女自出生后,被父母送给她舅父作为养女抚养。期间养父母对某女尽了抚养教育义务。平时某女也与亲生父母来往。2003年,一天中午放学的路上,14岁的某女被一辆大货车在某中学路段辗压,造成重伤,送医院抢救无效后死亡。经交警部门调解,肇事司机赔偿被害人家属死亡赔偿金7.5万余元。该款由某女养父母领取,并在调解赔偿书上签字。但生父母认为他们理应取得赔偿金,由此发生纠纷。请问该案中,养父母、生父母谁有权继承该赔偿金?

(本案例摘自人民网,《少女车祸获赔 生父母养父母谁有权继承该赔偿金》)

【案例解析】

公民因其死亡而获得的未指定受益人的保险金、补偿金、赔偿金以及因其生前行为而获得的财产权益应当视为公民合法遗产的组成部分。本案中某女因交通事故死亡后,肇事方已经给付的7.5万多元赔偿金是某女合法的遗产,应由其法定的继承人共同继承。根据我国法律规定,养子女与养父母之间的权利义务关系和生父母与子女之间的权利义务关系是一样的。本案某女的养父母收养某女后,尽了抚养教育义务,根据收养法二十二条的规定:"养子女与生父母及其他近亲属间的权利义务关系,因收养关系的成立而消除。"养子女先于养父母死亡,养父母有继承养子女遗产的权利。因此,本案某女的赔偿金应由她的养父母来继承。

【案例2】

马景财老人生前系南平市林业部门的退休职工,终生未婚,膝下无子女。1975年，好友陈宝祥夫妇见其年近退休又无子女，在征求女儿陈小妹（时年20岁）同意的情况下，与马景财签订一份赠送女儿协议，将陈小妹送与马景财作女儿，照顾好友晚年生活。1980年，马景财老人退休，陈小妹以马景财养女名义补员，同时将户籍转到马景财户下更名马红，与老人共同生活至出嫁。1989年，马红随单位搬迁到外地工作，经常回南平看望老人或寄钱。马红在外地工作期间，马景财老人经马世明、马世强两位堂侄的介绍在某单位从事门卫工作。在此期间，老人曾多次患病，两位堂侄为其办理住院等相关事宜，并予以照顾。1999年，老人身体状况日渐不佳，马红与马世明、马世强一同将老人送进养老院颐养天年。马景财在养老院期间，马世明、马世强经常去看望老人，陪老人聊天。2001年7月29日，马景财因失血性休克死亡，养老院院长将老人临终前托其保管的42000元存单及金戒指一枚交给马红。事后，马世明、马世强认为马红不是马景财的女儿，老人的遗产应由其兄弟与马红三人平分。双方遂产生遗产分割纠纷，后诉至法院。

（本案例摘自《闽北日报》，《养子女能继承养父母遗产吗？》，作者：姚彧斌）

【案例解析】

本案可通过三个步骤分析：首先，当事人马红与马景财的收养关系能否成立？收养法第四条明确规定了被收养人必须是不满14周岁的未成年人。本案当事人马红被马景财收养时已满20周岁，但本案的收养关系发生在收养法颁布之前，当时的法律对收养成年人没有禁止性规定，因此应当尊重当时的历史状况及相关的政策规定，确定马景财与马红之间为事实收养关系。其次，马红作为马景财的养女能否继承养父的遗产？婚姻法第二十六条规定，养父母和养子女间的权利和义务，适用婚姻法对父母子女关系的有关规定，从而确定了马红对马景财遗产的继承权。第三，马景财的遗产应如何分割？马红作为马景财的养女，系马景财唯一的法定继承人，其应作为第一顺序继承人继承马景财的遗产。马世明、马世强系马景财的堂侄，不属于马景财的法定继承人。但考虑到马红常年不在养父身边,老人在养老院生活期间,马世明、马世强兄弟俩对马景财虽没有法定或约定的赡养义务,却给予老人一定程度的生活照顾和精神慰藉,因此根据继承法第十四条规定,法院作出如下判决。

马景财生前未立有效遗嘱,故其临终前交养老院保管的42000元及金戒指一枚应按法定继承进行继承。扣除为老人办理丧事的12000元,马景财尚有遗产30000元及金戒指一枚。马红作为马景财的养女,系马景财唯一的法定继承人。马世明、马世强系马景财的堂侄,不属于马景财的法定继承人。考虑到马红在外地工作,老人在养老院生活期间,兄弟俩对老人没有法定或约定的赡养义务,却给予老人一定程度的生活照顾和精神慰藉。根据继承法关于继承人以外对被继承人扶养较多的人可以适当分得遗产的规定,法院依法判决,马红分得马景财遗产24000元及金戒指一枚;马世明、马世强各分得马景财遗产3000元。

【案例3】

小刚3岁时,由于父母无力抚养,遂将其送与无生育能力的张某夫妇收养。2004年,小刚父亲病逝,小刚的5个哥哥分了遗产。小刚向5人提出,自己也是父亲的亲生儿子,也有权继承遗产,但遭拒绝。请问小刚能否继承生父遗产?

(本案例摘自《哈尔滨日报》,《养子能继承生父遗产吗?》)

【案例解析】

我国婚姻法和收养法都规定,养子女和生父母间的权利和义务,因收养关系的成立而消除。因此,养子女与生父母之间不存在父母子女的权利义务关系。小刚既然被送养,他与生父母之间就没有了父母子女关系,小刚也就不能继承生父的遗产了。

10.被收养人与其亲兄弟姐妹之间能不能互为继承人?

对于被收养人与其亲兄弟姐妹之间是否享有继承权,法律有明确规定。《最高人民法院关于贯彻执行〈中华人民共和国继承法〉若干问题的意见》第二十三条第二款规定:"被收养人与其亲兄弟姐妹之间的权利义务关系,因收养关系的成立而消除,不能互为第二顺序继承人。"因此,被收养人与其亲兄弟姐妹之间不能互为继承人,不能互相继承遗产。但是,收养关系依法解除后,如同被收养人和养父母之间的关系一样,养兄弟姐妹之间就不再享有继承权,不能互相继承遗产,如果被收养人和亲兄弟姐妹之间的关系恢复,则相互享有继承权。但若被收养人已经成年,他不愿意再恢复和亲兄弟姐妹之间的关系,那么他和他的亲兄弟姐妹之间就不能互相继承遗产。

【案例】

哥哥被人收养,后来不幸死亡并留下遗产若干。其养父母主张继承遗产,原来的亲弟弟也主张继承其遗产。依照法律谁有继承权呢?

【案例解析】

根据《最高人民法院关于贯彻执行〈中华人民共和国继承法〉若干问题的意见》第二十三条第二款及《中华人民共和国收养法》第二十二条第二款的规定:"养子女与生父母及其他近亲属间的权利义务关系,因收养关系的成立而消除",哥哥被人收养后,如果死亡,原来的亲弟弟不能主张继承其遗产,应由养父母来继承。

11.有扶养关系的继兄弟姐妹之间能不能互为继承人?

继兄弟姐妹是指建立在父母再婚基础上的一种拟制血亲,本身并不具有血缘关系。法律规定,有扶养关系的继兄弟姐妹之间是第二顺序继承人,互有继承权,能够互相继承遗产。这里所说的"扶养关系"和继父母子女之间的扶养关系一样,指的是在对方遇到困难的时候在经济上和生活上予以帮助,比如经济上的供养、生活中的扶助等。继兄弟姐妹之间互相继承遗产一定是以扶养关系为条件的,有扶养关系的可以相互继承遗产,没有扶养关系的,即便共同生活过,也不能互相继承遗产。继兄弟姐妹之间相互继承了遗产的,不影响其继承亲兄弟姐妹的遗产,继兄弟姐妹既可以继承有扶养关系的继兄弟姐妹的遗产,也可以继承亲兄弟姐妹的遗产。

【案例】

1992年,史先生的父亲因交通事故死亡,因家庭经济极度困难,母亲带着弟弟改嫁到外乡,与一女孩的父亲再婚,弟弟、女孩被共同抚养成人,而史先生留在祖父母家生活。后来母亲及女孩的父亲相继去世。弟弟回到史先生家居住,后来弟弟经营了一家房地产开发公司,拥有巨额资产,但不幸的是,他在工作中因病死亡。弟弟死前并未结婚,也未留下遗嘱。女孩要求继承弟弟的遗产。请问:女孩是否对弟弟的遗产享有继承权?

(本案例摘自《燕楚都市报》,《无抚养关系的继兄妹无权继承对方遗产》)

【案例解析】

根据继承法第十条第五款的规定,有扶养关系的继兄弟姐妹之间才有继承权。本案中虽然史先生的弟弟和女孩成年之前均受到母亲、继父的共同抚养教育,是继兄妹关系,但其相互之间并不存在相互扶养的事实,因此,不能相互继承遗产。而且,其弟随母亲改嫁他乡后,母亲及继父没有收养的意思表示,与继父也未形成收养关系。其弟和女孩之间没有形成养兄妹关系,因此只有作为亲兄弟的史先生才有继承的权利。

12. 旧社会形成的一夫多妻家庭中的子女能不能继承生母以外父亲的其他妻子的遗产?

新中国已经成立60年了,但广大农村地区仍然有一些旧社会形成的一夫多妻家庭的老人和子女,等这些老人去世后,就会面临不是亲生子女能不能继承他们遗产的问题。对此,法律的规定是,在旧社会形成的一夫多妻家庭中,子女与生母以外的父亲的其他配偶之间形成扶养关系的,互有继承权。这些家庭中,子女与父亲的其他配偶之间没有血缘关系,他们的继承权也是以相互形成扶养关系为条件的。有扶养关系的,彼此能够继承遗产;没有扶养关系的,彼此不能继承遗产。

【案例】

1963年,"老广州"刘禺在西关一带买下一处房屋,面积约120平方米。1966年,由于历史的原因,刘宅被国家代管。2002年8月,房管部门将这处老屋发还给了刘禺的遗孀赵阿婆(化名)。2004年,政府发出了征用刘宅所属地块的通告。由于该房产一直登记在已过世的刘禺名下,尚未有其继承人办理继承手续。2004年9月14日,拆迁单位发出了代管房屋的通知。也就是说,什么时候刘禺的后人们办妥房产的继承手续,拆迁单位什么时候将房交还其继承人,双方再协商拆迁补偿事宜。

刘禺前先后娶过五个妻子,生育了十二个子女,并收养了一个养子。其中,刘的第一个妻子早已死亡,她所生的孩子也全部幼年夭折;刘的第二个妻子生育了一子二女;刘的第三个妻子生育了一女;第四个妻子生育一子二女;第五个妻子也就是上文提到的赵阿婆,她与刘禺育有二子三女。除赵阿婆健在之外,目前刘的另三个妻子都已去世。 1952年,刘禺与第三个妻子离婚。1959年,刘禺从广州调往佛山工作,其第五个妻子赵阿婆跟随丈夫到了佛山,另两个妻子则留在广州。直至1977年刘禺去世,一直是赵阿婆伴随、照顾刘禺。1977年3月,刘禺未留遗嘱,辞别人世。

在刘宅被代管期间,由于房屋年久失修,房管部门曾出资抢修该屋。2002年8月,经赵阿婆申请和支付房屋修缮费,房管部门将房屋发还给她和儿子刘铭一家居住使用。

后来接到拆迁单位的通知后,房产继承的落实问题迫在眉睫。刘铭一家作为房屋现住者,立即牵头与逸散在广州、香港、东莞等地的同父异母的兄弟姐妹商议解决继承问题。 一大家子人各有各的意见,最后,刘禺的遗孀赵阿婆同意与刘禺的13名在世子孙上法院,诉讼解决房产的分割继承。但赵阿婆提出:当初只有她一人跟随丈夫共同生活,无怨无悔照顾患病的刘禺十多年。为了收回刘家老宅的管理权,她多方奔走。如今自己年老多病,没有医疗保障,生活困难,所以赵阿婆要求多分5%的房产。

法庭上,刘禺和第二、第四个妻子留下的子女们对赵阿婆的请求提出了反对意见。他们认为,按照继承法,赵阿婆跟他们一样,都是父亲第一顺序的继承人,没理由要求多分。再者说,当时尽管父亲生活在佛山,却不时回广州探望另两个妻子和子女,所以,他们也对父亲尽到了赡养义务,赵氏称不上是"长期照顾"父亲。因此,他们要求14名继承人按照法定继承原则分割继承老宅。2005年10月,荔湾法院受理了这桩遗产继承纠纷。由于时间过于久远,没有谁能说清刘禺与各个妻子具体的结婚时间,因此,法院认定这座老屋属于刘禺遗下的个人财产。

(本案例摘自《信息时报》)

【案例解析】

我国实行一夫一妻制。但在1980年《中华人民共和国婚姻法》实施后有司法解释规定,该法实施以前缔结的事实婚姻,仍认定为有效婚姻。在本案中,由于缺乏有效证据,法庭无法确认刘禺与五个妻子分别缔结婚姻的具体时间,但能肯定都是发生在1980年《中华人民共和国婚姻法》实施前,因此,本案确认刘禺的五段婚姻均有效,离婚的除外,刘禺的其他四个妻子均是其合法妻子。在此基础上,根据法定继承原则,法院认定,终年67岁的刘禺在病逝前的十七年里,是赵阿婆与他生活在一起,对他尽了主要扶养义务。因此,赵阿婆依法可以多分得5%的房屋产权。法院确认,老屋余下的95%产权份额应按均等分配原则,由继承人按份继承。赵阿婆、刘铭等13人是刘禺第一顺序继承人,房屋产权的95%份额由他们各占1/14。由于其中刘禺一女已死亡,其继承所得的房屋产权份额由其丈夫、儿子转继承。

根据继承法意见第二十条的规定,子女与父亲的其他配偶间未形成扶养关系的,相互之间不享有继承权。据此,解放前形成的一夫多妻关系,夫、妻、妾之间的财产分配问题,应当考虑下列情况:如果妻、妾是分别生活,并且事实上也形成了各自相对独立的财产份额的,可以确认其掌握的独立财产,除生活的必需品归个人所有以外,其余财产分别归夫与妻、夫与妾共同所有,妻或妾死后的遗产作为相对独立的个人财产由夫继承,在夫死后由夫与妻或夫与妾所生子女分别对应继承。对于妻、妾共同生活,财产也没有分开的,各当事人除个人生活的必需品归个人所有以外,如果并未约定各自婚前财产归个人所有,而是将其用于家庭共同生活的,都应当认定为婚姻关系存续期间的共同财产,夫、妻、妾对该共同财产享有平等的权利。

13.什么是代位继承?

代位继承是指被继承人的子女先于被继承人死亡的,由被继承人子女的晚辈直系血亲代替已经死亡的被继承人子女继承被继承人的遗产。代替继承遗产的继承人子女是代位继承人,已经死亡的被继承人的子女是被代位继承人。比如,某人的儿子先死了,几年后,这个人也死了,他的遗产中原本应该由他儿子继承的那部分就由他的孙子代位继承,他的孙子就是代位继承人,他的儿子是被代位继承人。

代位继承人的辈数不受限制,被继承人的孙子女、外孙子女、曾孙子女、外曾孙子女都可以代位继承。但是有上一辈时,下一辈就不能代位继承。比如说,被继承人有孙子女、外孙子女的,曾孙子女、外曾孙子女不能代位继承。

法律还规定,代位继承人一般只能继承他的父亲或母亲有权继承的那部分遗产。比如,某人死亡后有20万元的遗产,他有一儿一女,但他的儿子已经先于他死亡,他的儿子又有两个女儿,那么他的20万元遗产应该首先被平均分为两份,各10万元,一份由他的女儿继承,另一份由他儿子的两个女儿代位继承,每人各继承5万元。如果代位继承人赡养被继承人较多的话,可以适当多分得遗产。比如某人的儿子死了之后,他一直是和孙子生活在一起,他老了之后,也是孙子主要照顾和赡养他的,其他的子女都离他很远,那么他死后,就应该给他的孙子多分点遗产。代位继承人缺乏劳动能力和生活来源的话,也可以适当多分点遗产。

被代位继承人活着的时候表示过要放弃继承的,并不影响他的晚辈直系血亲代位继承,因为《中华人民共和国继承法》第二十五条和《最高人民法院关于贯彻执行〈中华人民共和国继承法〉若干问题的意见》第四十九条规定,继承人放弃继承应该是在继承开始后、遗产分割前做出表示,但是被代位继承人是在被继承人之前死亡的,所以他表示放弃继承时,继承还没有开始,因此,放弃是无效的,他的晚辈直系血亲仍然可以代位继承。

被代位继承人活着的时候丧失继承权的,不发生代位继承,他的晚辈直系血亲不能代他继承被继承人的遗产。但是假如他的晚辈直系血亲缺乏劳动能力又没有生活来源,或者对被继承人尽了比较多的赡养义务的,可以适当分一些遗产。

【案例】

韦先生白手起家创办的面粉加工厂,现已成为年产值超亿元的大型企业集团。韦先生与老伴生有两儿一女,老伴已于10年前过世,大儿子在集团任副理事长兼总经理,二儿子因车祸在15年前死亡,女儿在集团任财务主管。2004年底,韦老先生因突发脑出血而死亡。大儿子继任集团董事长,并掌管韦老先生留下的所有家庭财产。二儿子死亡时留下两个女儿,一个在集团任职,一个在大学读书。两个孩子数次向伯父提出继承爷爷的遗产,均遭到拒绝。于是两个孩子向法院起诉自己的伯父,要求继承自己的父亲应该继承的爷爷遗产的份额。

(本案例摘自河北法律网,《代位继承》)

【案例解析】

根据继承法的规定,被继承人死亡时,如果没有遗嘱,其遗产首先由第一顺序的法定继承人继承。本案韦老先生的老伴死亡在先,属于其老伴的遗产应由韦先生与其子女按份继承。韦老先生死亡时,其第一顺序的继承人是大儿子和女儿,但因本属于第一顺序继承人的二儿子先于被继承人死亡,其晚辈直系血亲还在,所以产生代位继承问题。依照继承法中关于代位继承的规定,本案中的两名原告有权成为代位继承人,继承其祖父母遗产中的法定份额,原告的诉讼主张能够得到法院的支持。

14.什么条件下才能代位继承？

在下列条件下，才能发生代位继承：(1)代位继承只适用于法定继承，遗嘱继承和遗赠不适用代位继承。不论是继承人的范围，还是遗产分配原则，代位继承的每一项都是由法律直接规定的。遗嘱继承和遗赠中不发生代位继承，当遗嘱中的继承人或受遗赠人先于被继承人死亡时，只能是遗嘱无效，继承人和受遗赠人的子女不能依遗嘱代位继承。(2)被代位继承人只能是被继承人的子女，被继承人的其他亲属死亡不发生代位继承。(3)被继承人的子女，即被代位继承人必须先于被继承人死亡，包括自然死亡和宣告死亡。如果被继承人的子女是在被继承人死亡后、继承开始时、遗产分割前死亡的，这时候就构成转继承，而不是代位继承，被继承人的子女应该继承的遗产由他的合法继承人继承。(4)代位继承人必须是被继承人子女的直系晚辈血亲，也就是被继承人子女的婚生子女、非婚生子女、养子女和有扶养关系的继子女，以及孙子女、曾孙子女等。被继承人子女的其他亲属如配偶、兄弟姐妹等都不能代位继承。(5)被代位继承人必须有继承权。如果被继承人的子女丧失了继承权，其晚辈直系血亲就不能代位继承，但是如果他的晚辈直系血亲缺乏劳动能力又没有生活来源，或者对被继承人尽了比较多的赡养义务的，可以适当分一些遗产。这点在前面已经说过。(6)代位继承人继承的只能是被代位继承人应该继承的那部分遗产。被继承人先死亡的子女应该继承的遗产，在代位继承时数额不会发生变化，如果只有一个代位继承人，就由他一人继承，如果有好几个代位继承人，就由他们分割继承。

【案例】

被继承人王某、李某夫妇分别于2000年、2001年死亡。王某、李某婚生一子王甲、一女王乙。王甲在1998年一次出差时因汽车事故死亡，留有妻子和两个儿子王军、王平，后来妻带两个儿子改嫁。王乙和柳某结婚，但未生育。

王某、李某夫妇死亡后,留下房屋两间,计80平米。对此遗产的继承,王乙认为,哥哥王甲已死,嫂嫂已带两个侄儿改嫁,故不能再享有继承权。因此,两间房屋应由自己一人继承。王军、王平遂向法院起诉,要求和姑母王乙三人一起均等继承遗产。

(本案例摘自婚姻财产继承专家陶毅网)

【案例解析】

本案中王军、王平显然享有代位继承权,这种权利不受其母是否再婚的影响,但是他们只能共同代替父亲继承应得的那份遗产,每个人不能都以独立的身份与姑母平分遗产。最后法院根据继承法第十一条的规定作出判决,王军、王平享有代位继承权,但只能继承父亲王甲应继承的份额。

15.哪些人可以代位继承?

根据继承法和继承法意见的规定,以下这些人都可以代位继承:(1)被继承人的孙子女、外孙子女、曾孙子女、外曾孙子女等被继承人的晚辈直系血亲,并且不受辈数的限制。(2)被继承人的养子女、已经形成扶养关系的继子女的亲生子女可以代位继承;被继承人亲生子女的养子女也可以代位继承;被继承人养子女的养子女可以代位继承;与被继承人已形成扶养关系的继子女的养子女也可以代位继承。(3)对公公、婆婆尽了主要赡养义务的丧偶儿媳的子女,对岳父、岳母尽了主要赡养义务的丧偶女婿的子女,在丧偶儿媳和丧偶女婿作为第一顺序继承人时,不论他们是否已经再结婚,都可以代位继承。

【案例】

王某与前妻生有儿子王某刚、女儿王某兰两个子女。王某与郑女士再婚后,又生育了王某洪、王某杰两个儿子。在王某与郑女士结婚时,其大儿子王某刚已参加工作并已独立生活,女儿王某兰尚未成年,便与郑女士、王某一起生活,并长大成人。王某与王某兰相继去世。2002年5月,郑女士也因病去世。郑女士生前一直和儿子王某洪共同生活，由其养老送终。她的另一个亲儿子王某杰也经常去看望她，并支付了一定数额的赡养费，她生病时也承担了部分医疗费。郑女士去世后，两兄弟王某洪、王某杰商量准备怎样分割母亲郑女士留下的遗产，这时王某兰的女儿陈某燕参与进来，她提出郑女士的遗产中有自己母亲王某兰的份额，所以自己有权分割遗产，要求代位继承遗产的1/3。王某洪、王某杰两兄弟反对，指出王某兰不是郑女士的亲生女儿，陈某燕也不是郑女士的亲孙女，断然拒绝其分割遗产。陈某燕随即将两个舅舅告上法庭。法院经审理认为，王某兰虽不是郑女士亲生，但从小与其共同生活并由其抚养长大，是形成了扶养关系的继母女关系，王某兰享有与亲生子女同样的权利义务。陈某燕是王某兰的亲生女儿，依法可以代位继承母亲应得的遗产份额。但是，王某洪、王某杰两兄弟对母亲郑女士尽了较多的赡养义务，陈某燕的母亲王某兰早亡，对郑女士尽的赡养义务较少，根据权利义务相一致的原则，判决按照3:3:2的比例分割遗产，王某洪、王某杰各分得3份，陈某燕分得2份。

（本案例摘自法律教育网，《不是亲孙子女有权继承遗产吗？》）

【案例解析】

本案中，作为郑女士的继孙女的陈某燕享有代位继承权。根据继承法意见第二十六条的规定，陈某燕的母亲王某兰从小和郑女士共同生活，并由郑女士抚养，虽是郑女士的继女，但已形成了扶养关系，她们之间的权利义务关系与亲生母女的权利义务关系是同等的。因此，陈某燕有权代位继承母亲王某兰应当继承的份额。虽然王某兰早亡，对郑女士尽的赡养义务很少，但并没有丧失继承权，因此陈某燕依法享有代位继承权。

郑女士死后留有遗产，但没有留下遗嘱，她的遗产应当按照法定继承的原则进行分割。遗产分配应遵循权利义务相一致原则，郑女士生前一直和王某洪共同生活，王某洪为其养老送终，而王某杰也经常去看望她，并支付了一定数额的赡养费，也承担了部分医疗费。因此，他们尽了主要赡养义务，在分配遗产时可适当多分；陈某燕的母亲王

继承法与农民生活

某兰早亡,对郑女士所尽的赡养义务较少,因此,陈某燕在代位王某兰继承遗产时,只能继承其母亲可以继承的份额,应当适当少分。

16.什么是转继承?

转继承也是法定继承的一种方式,它是指继承人在继承开始后、实际接受遗产前死亡的,原本应由他继承的遗产,转而由他的法定继承人继承。转继承也称为再继承,代替继承人实际接受遗产的人称为转继承人,继承开始后、遗产分割前死亡的继承人称为被转继承人。如某人死后,在分割他的遗产前,他的儿子也死了,这时候,他的遗产中应该分给他儿子的那份就转而由他儿子的法定继承人继承,即由他儿子的儿女、妻子、母亲等人继承。

之所以会发生转继承,实际上是一个时间差的问题,被继承人死后,虽然继承人从被继承人死亡的那一刻就取得了继承权,但是给被继承人料理后事,清点被继承人的遗产等要花费一定的时间,因此,从被继承人死亡到继承人实际取得遗产是有一段时间的,在这段时间内如果继承人死了,就发生了转继承。

转继承实际上是两个继承过程,第一个是继承人继承被继承人遗产的过程,第二个是继承人的法定继承人继承继承人从被继承人那里分到遗产的过程。因此,转继承要求继承人和继承人的法定继承人都要有继承权。如果继承人丧失了继承权,或者转继承人丧失了继承权,转继承都不能发生。如果继承开始后,继承人(即被转继承人)生前明确表示放弃继承,转继承也不能发生。

按照法律规定,转继承在法定继承、遗嘱继承、遗赠等继承方式中都适用,这一点和代位继承是不同的,代位继承只适用于法定继承方式,遗嘱继承和遗赠等都不适用。

【案例】

李某余早年丧妻,将儿子李某用、李某猛含辛茹苦地拉扯大。李某用与陈某世结婚后生下女儿李某娟。李某余本来可以安享晚年,可是他偏偏闲不住,在小镇上开了个小店修车,生意红红火火的。2000

年5月，李某余病逝，留下修车积攒的10万元钱。李某用、李某猛未分割遗产。李某用与妻子陈某世因感情不和，于2001年6月离婚。2001年7月10日，李某用在出差途中遭遇车祸，不幸去世。李某娟要求继承其祖父李某余遗产中属于其父李某用应继承的份额，陈某世要求分割李某余遗产中属于自己的部分，均遭到李某猛的拒绝。李某娟、陈某世遂向人民法院提起诉讼，要求分割遗产。

（本案例摘自法律教育网）

【案例解析】

本案中，李某余死亡，关于其遗产的继承即开始。在李某用遇难身亡之时，被继承人李某余的遗产尚未分割，符合适用法定转继承的前提条件。所以，李某用、李某猛均有权取得李某余遗产的合法继承权，故李某娟在其父亲去世后有获得转继承的权利。

陈某世的诉讼请求涉及到夫妻关系存续期间因转继承获得的遗产是不是夫妻共同财产，原配偶有无权利分割的问题。对此，应区分两种情况：第一种，如果继承人在继承开始以后、死亡前婚姻关系有效存在的，继承的遗产份额应归夫妻共同所有，对该部分财产，应当首先进行夫妻财产分割，分割后属于继承人的部分由其法定继承人转继承。这时其原配偶不论是否再婚均享有转继承权，属于转继承人，其在诉讼中的地位应当是原告或者被告。第二种，如果继承人在继承开始以后、死亡前办理了离婚手续且已经生效的。由于继承的遗产份额仍然是婚姻关系存续期间取得的，在夫妻双方没有约定的情况下，属夫妻共同财产，对该部分财产，应当进行夫妻财产分割。这时其原配偶不具有丈夫或者妻子的特定身份，因此不享有转继承权，只能要求分割夫妻共同财产中属于自己的部分，其在诉讼中的地位应当是有独立请求权的第三人。对该部分继承所得财产的权利，在遗产分割前继承人可以选择放弃继承，此时原配偶自然不能主张继承该遗产。

本案中继承人李某用在继承开始以后、遗产分割前死亡，且死亡前已经和陈某世离婚，属于上述第二种情况。李某用在死亡前未做放弃继承的意思表示,视为接受遗产。因此,李某用继承遗产的权利是在婚姻关系存续期间取得的,在无特别约定的情况下应属于夫妻共同所有财产。李某用继承获得的遗产中有一半属于陈某世,李某娟只能转继承属于父亲李某用的那份遗产。

17.代位继承和转继承有什么不同?

代位继承和转继承的不同表现在以下几个方面:第一,在死亡时间上,二者是明显不同的。代位继承中,被代位继承人的死亡时间是在被继承人之前,而转继承中,被转继承人死亡时间是在被继承人之后。第二,代位继承中,代位继承人只能是被代位继承人的晚辈直系血亲,而转继承中,转继承人可以是被转继承人的所有活着的法定继承人,他们按照法定继承规定继承。第三,代位继承中,被代位继承人必须是被继承人的子女,而转继承中,被转继承人是被继承人合法的享有法定继承权的继承人。第四,代位继承只适用于法定继承,不适用于遗嘱继承和遗赠,而转继承既可以发生在法定继承中,也可以发生在遗嘱继承和遗赠中。

【案例1】

王大帅系河北保定人,其老伴20年前去世,两人有一儿一女,他的儿子在2002年因病去世。王大帅在2007年4月3日去世,留下遗产20万元。在王大帅生病住院期间,他的女儿长期在病床前照料父亲,劳累过度,在父亲去世后又极度悲伤,所以在父亲去世三天后出车祸死亡。王大帅的儿子去世后,其妻改嫁,留下一个6岁的儿子小兵和爷爷一起生活。爷爷去世时,小兵11岁。王大帅的女儿去世时,有丈夫和一个8岁的女儿小丽。那么,对于王大帅留下的20万元遗产应该怎样分配呢?

(本案例摘自民商法律网)

【案例解析】

本案例可以按以下步骤进行分析:第一,王大帅的继承人是他的儿子和女儿,他们在死亡前从来没有表示过要放弃继承父亲的遗产,也没有丧失对父亲遗产继承权的行为,所以应该一人分得一半的遗产,各10万元。第二,王大帅的儿子比王大帅早死5年,因此王大帅死亡时,他的儿子已经死亡,所以原本应该由他儿子继承的10万元就由他儿子的晚辈直系血亲小兵代位继承。第三,王大帅的女儿在王大帅死后三天死亡,她从父亲那里继承的这10万元是在夫妻关系存续期间继承的,应该属于她和丈夫的共同财产,但她是在实际拿到遗产之前死亡,所以又发生了转继承。因此,她的遗产由她丈夫和她的女儿小丽共同继承。

【案例2】

魏某(男)早年丧偶,留有两子一女。长子魏平因患肝癌,于1992年医治无效病故,留下妻子王某和女儿魏华。次子魏涛和女儿魏红,均已结婚另过。1996年,魏某病故,留有房屋3间,存款3万元。魏涛和魏红办理完父亲的后事。有一天,魏红不幸遭遇车祸身亡。魏涛认为其兄妹均已死亡,父亲的遗产只能由自己一人继承。但王某提出自己女儿有代位继承权,魏红没有子女,她应继承的遗产份额,可均分给魏涛和魏华。可魏红的丈夫杨某则认为,自己也有继承魏某的遗产的权利。认为王某与魏涛的分配方法不合法,诉至人民法院请求保护其合法的继承份额。

(本案例摘自《案例教学在成人学员学习代位继承与法定继承中的运用》,作者:邬平)

【案例解析】

根据我国继承法第十一条规定,魏华的父亲魏平先于其父亲死亡,所以魏华作为魏某之子的晚辈直系血亲可以代位继承魏平有权继承的遗产份额。又根据我国继承法意见第五十二条的规定,魏某死亡,继承开始后,魏某的女儿魏红没有表示放弃继承,并于遗产分割前因车祸身亡,因此魏红继承遗产的权利应该转移给她的合法继承人,从案例中可知魏红的丈夫杨某享有转继承魏红遗产的权利。

18.法定继承中怎样确定同一顺序的法定继承人应分得多少?

我国继承法第十三条明确规定,法定继承中,同一顺序的法定继承人所继承的遗产一般情况下应该均等,即应该平均分配。这里的一般情况,是指同一顺序的各个法定继承人,彼此在生活状况、劳动能力以及对被继承人所尽抚养、扶养或赡养义务等方面,情况基本相同,条件大致相近。均等分配遗产,是指同一顺序的各个法定继承人所取得的被继承人遗产数额比例相同,没有明显差别。比如,法定的第一顺序继承人有配偶、子女、父母。假如某人死亡时,他的妻子还活着,他的父母也还活着,他有三个孩子,那么,分配遗产时,就应该先把他的财产中和他妻子共有的部分分出来,把他和其他家庭成员如父母和孩子共有的部分也分出来,剩下的就是遗产,这些遗产应该按照他妻子、孩子、父母等人数平均分配。

在一些特殊情况下,也可以不平均分配。如:(1)生活有特殊困难的、缺乏劳动能力的继承人,分配遗产时,应当予以照顾。这里应当被照顾的人,是既有生活的特殊困难又缺乏劳动能力的人,只有特殊困难或者只缺乏劳动能力的人,不一定要予以照顾。当然,如果被继承人的遗产很多,平均分配之后,就能满足对生活有特殊困难并且缺乏劳动能力的人的生活需要,就没必要再照顾。(2)对被继承人尽了主要扶养义务或者与被继承人共同生活的继承人,分配遗产时,可以多分。要注意的是,如果与被继承人共同生活的人经常虐待被继承人,甚至遗弃了被继承人,就应该给他少分或者不分遗产,而不是多分遗产。(3)有扶养能力和有扶养条件的继承人,不尽扶养义务的,分配遗产时,应当不分或者少分。有能力和有条件的继承人,不扶养被继承人的,就不应该给他分遗产,或者应该少分一点。(4)继承人协商同意的,也可以不均等。继承人完全可以一起协商,如果协商的结果是不平均分配,有人分得多,有人分得少,只要协商的结果不违法,就可以按照继承人协商的办理。

【案例】

王某和李某于1975年结婚,生育有甲、乙、丙、丁四个子女。1980

年,王某和李某因感情不合离婚。后来,王某娶赵某为妻,并生育一子戊。1981年,王某的父亲病故,留下6间房由王某继承。后来,王某的子女均搬出另过,只有甲一个人同两位老人一起生活,照顾其生活。1986年,戊病逝,王某和赵某因感情恶化而分居,分居期间,甲还经常到赵某的住处照料赵某。1992年,王某死亡,留下房屋6间,存款2万元。甲处理好丧事,通知了乙、丙、丁和赵某分割财产,乙和丙以王某生前主要由甲照料为由,主张多分给甲一点,丁明确表示放弃继承。但是,赵某认为自己是王某的妻子,是第一顺序法定继承人,应当继承全部财产。

(摘自法律教育网)

【案例解析】

本案中,甲、乙、丙、丁和赵某均为王某的第一顺序的法定继承人,其中丁明确表示放弃继承权,其他的几位接受继承,对于这几位继承人,应当按照法律规定将遗产分出一半(房屋3间,存款2万)作为赵某的个人财产,其余的一半作为王某的遗产由继承人等额继承。由于乙、丙对王某尽的义务较少,甲尽的义务较多,因此,在分配遗产时乙和丙应当少分,甲应当多分。

19.没有扶养被继承人会影响继承吗?

扶养是指经济上的扶助以及劳务上的帮助和精神上的支持。有扶养义务的继承人没有扶养被继承人会影响继承。根据我国继承法第十三条第四款和继承法意见第三十三条、第三十四条的规定,有扶养条件和扶养能力的继承人,应该尽扶养义务,才能继承遗产,不尽扶养义务的,分配遗产时,应当不分或者少分。但有两种情况例外:第一,因为被继承人有固定收入和劳动能力,明确表示不需要继承人扶养,这时候,即便继承人有扶养能力和条件,没有扶养被继承人也不会影响继承人继承遗产。第二,继承人自己的生活都非常困难,比如缺乏劳动能力、残疾等,没有扶养能力和扶养条件,这种情况下,继承人没有尽扶养义务的,也不会影响他继承遗产。

【案例】

胡某有一个姐姐、一个弟弟,从小母亲对弟弟非常疼爱。胡某的母亲患有癌症,需要手术治疗,当时母亲说手术费由兄弟二人平摊。而在关键时刻,胡某的弟弟说手里没钱(弟弟在电子局工作,弟媳开出租车),必须把出租车卖掉才能给老人治病,让哥哥先给垫上。胡某明白了弟弟的意思,于是胡某自己担负了母亲的所有治疗费,弟弟只是在晚上和胡某轮班陪床,弟媳几乎没去看望过母亲。胡某的妻子白天在医院照料母亲,有时姐姐也去(但胡某没有让姐姐付治疗费),现在母亲去世。胡某认为弟弟对母亲有赡养能力而不尽赡养义务,不应该继承母亲的遗产。弟弟不服,诉至法院。

(本案例摘自专家论案)

【案例解析】

本案中,胡某的弟弟并没有出现法定的丧失继承权的事由,因此仍然有继承权,只是他有赡养能力而不尽赡养义务,根据继承法第十三条第四款,应当不分或少分。而胡某对被继承人尽了主要的赡养义务,因此在分配遗产的时候,应当多分一些。具体分配方案,需要胡某姐弟三人协商处理。

20.能不能给法定继承人以外的人分配遗产?

按照继承法第十四条规定,对继承人以外的依靠被继承人扶养的、缺乏劳动能力又没有生活来源的人,或者继承人以外对继承人扶养较多的人,可以分给他们适当的遗产,并且根据具体情况既可以比法定继承人分得多,也可以比法定继承人分得少。也就是说,法定继承人以外的能够分配到遗产的人有两种,一种是依靠被继承人扶养的、缺乏劳动能力而且没有生活来源的人。依靠被继承人扶养、缺乏劳动能力(如男60周岁、女55周岁就视为丧失或者缺乏劳动能力)、没有生活来源(即长期没有经济收入)三个条件都要具备。比如某人66周岁,他朋友有一个儿子,虽然已经40周岁,但智力只相当于8岁的孩子,他朋友死亡后,一直都是他在供养这个人的生活。他死后,

法定继承

虽然他朋友的儿子不是他的法定继承人,但是因为一直依靠他扶养,并且缺乏劳动能力,也没有生活来源,所以可以分给一些遗产。还有一种是继承人以外的对被继承人扶养较多的人。比如某人有三个儿女,都学有所成,考了好大学,毕业后留在了大城市工作。三个孩子都要接他去城市,但他舍不得离开,所以一直独自生活在老家。他的邻居经常照顾他,帮他种地,打水,做饭,生病了送他去卫生所等,对他扶养较多,他死后,对照顾他的邻居就可以分给适当的遗产。

所以说,在法定继承中,除法定继承人以外,具备法定条件的其他人也有权分得一定的遗产。当他们继承遗产的权利受到侵犯时,可以在两年内向法院提起诉讼。但如果是在遗产分割时,明明知到自己有继承遗产的权利却没有提出请求,过后却向法院提起诉讼,法院不会受理。

【案例】

魏文杰娶妻王晴雯,1985年王晴雯的单位分给了她2间住房,1988年8月,王晴雯死亡,生前所留2间房屋由魏文杰继承。1988年,魏文杰再婚,娶妻常英,常英也是再婚,其与前夫所生之女刘小方已经搬出另过。后来,魏文杰搬到城市里与常英同住,其在乡下的2间房屋由魏文杰的侄子魏仁毅照料。后来,魏文杰和常英都年事已高,常英搬到女儿刘小方的住处,由刘小方照料,魏文杰搬回去由魏仁毅照料。1992年,魏文杰去世,留下财产房屋2间,电视机1台,存款5万元。魏文杰病逝时,常英正在住院,魏仁毅料理了魏文杰的后事,并占有了魏文杰的财产。常英听说后,就遗产问题与魏仁毅产生了纠纷,认为自己是魏文杰的唯一的继承人,魏文杰的财产应当由自己单独继承,魏仁毅无权取得遗产。

(本案例摘自法律教育网)

【案例解析】

本案中,常英是魏文杰的配偶,刘小方虽然为常英之女,但未与魏文杰形成继父女关系,因为他们没有在一起生活,未形成扶养关系,所以没有继承权,故常英为魏文杰的唯一的第一顺序法定继承人,有权继承魏文杰的全部遗产。另外,在本案中,魏仁毅是魏文杰的侄子,不属于魏文杰法定继承人的范围,因此,他无权继承魏文杰的遗产。但是,他在魏文杰生前对其尽了较多的赡养义务,他又负责料理了魏文杰的后事,因此,他属于法律规定的对被继承人尽了较多的赡养义务的人,依法可以分得一定数额的遗产。当然,魏仁毅所分得的只能是魏文杰个人财产的一部分,魏文杰所留下的财产是魏文杰与常英夫妻的共有财产,应当从中分割一半归常英所有,剩余一半可以由魏仁毅与常英二人适当分割。

21.继承人对于继承问题意见不一致时怎么办?

继承法第十五条规定,继承人应当本着互相体谅、互相谦让、和睦团结的精神,商量着处理继承的问题。但实际上,有很多家庭协商不成,为了继承的事情大打出手,大骂大闹,甚至最终闹出人命。其实完全没必要这样,对继承的事情协商不成时,可以由人民调解委员会调解,也可以向人民法院起诉,按照法律途径来处理,这样才会有更圆满的结果。

【案例1】

北京海淀区人民法院调解了一起涉及1936年代表中国参加第11届柏林奥运会、后被授予"新中国体育开拓者"的王士林遗产继承案,最后,王世林的5个子女达成和解,将父亲生前全部具有较高文物价值的体育纪念品捐献给国家。

王士林生前为北京体育大学教授,享受政府特殊津贴,获"新中国体育开拓者"荣誉称号、"国家体育运动荣誉奖章"。1936年,王士林作为运动员代表中国参加在德国柏林举办的第11届奥运会,其去世后留下的遗产中除了房产以及钱款外,还包括1936年奥运会的体育运动纪念品,1936年奥运会中华田径队队服上衣、腰带环、纪念章、纪念邮票,以及在各个历史时期参加运动会的纪念品。

王士林的5个子女在父亲去世以后就遗产分配问题曾达成了一致意见,但是后来分配协议被推翻,两位弟弟将另三位遗产继承人所分得的遗产收回,被收回的三人在与两位弟弟协商要回遗产未果的情况下将两人诉至法院。海淀法院东升法庭审理后,最终促使姐弟5人达成了和解,将父亲留下的全部体育纪念品捐献给国家,父亲留下的房产、钱款等遗产由法院判决按5人对父亲生前所尽抚养义务多少分别进行继承。

(本案例摘自中国易网,《新中国体育开拓者王世林遗产继承案审结》,作者:侯镜)

【案例解析】

根据我国继承法第十五条的规定,继承人应当本着互谅互让、和睦团结的精神,协商处理继承问题。遗产分割的时间、办法和份额由继承人协商确定。协商不成的,可以由人民调解委员会调解或者向人民法院提起诉讼。本案中王士林之子女5人在协商未果的情况下诉至法院,最终在法院调解下达成了令人满意的结果。这是处理继承人对于继承问题意见不一致时的正确办法。该案例提醒我们,大家对继承的事情协商不成时,可以由人民调解委员会调解,也可以向人民法院起诉,按照法律来处理,这往往会取得圆满的结果。

【案例2】

2008年春节刚过,家住西峡县某村的刘小山就到矿山打工挣钱,却不幸被一场意外事故埋在了矿下。2008年4月9日,矿山与刘小山的妻子王大华经协商达成赔偿协议,一次性赔偿刘小山埋葬费、子女抚养费、老人赡养费、返乡路途费等共计46万元人民币。这笔赔偿金一直由王大华保管。刘小山的母亲李黑女时年81岁,她听村上人说,她的儿媳从矿上要回很多钱,这钱也有她的份儿,可老人从没听儿媳妇讲过此事,更没有花过一分钱。老人觉着儿媳是想独吞这些钱,于是一纸诉状将儿媳告上了公堂,她要让法律给个说法,她要要回自己应得的那份。

法院为化解双方矛盾,打造平安和谐的家庭,给老人一个满意的交代,办案人员带着双方当事人一同来到远在几百里之外的某矿山,找到当时解决刘小山死亡赔偿的矿山负责人了解情况。在婆媳双方

继承法与农民生活

互谅互让的情况下,2009年3月1日,经西峡县人民法院主持调解,王大华和老人李黑女自愿达成协议:王大华一次性支付老人李黑女现金6万元,其他请求老人家全部放弃,不再向儿媳追要。

（本案例摘自河南法学网,《81岁老妪为何状告儿媳》,作者:马国福）

【案例解析】

按照我国继承法第十条的规定,刘小山的妻子、子女及母亲李黑女是第一顺序继承人,老人也有权得到儿子死亡赔偿金的一部分。根据继承法第十五条规定,老人通过法律渠道依法维权也是完全正确的,所以此案通过法院主持调解,使案结事了,满足了老人的心愿,促进了家庭、社会和谐。

第三章　遗嘱继承

1.什么是遗嘱继承?

遗嘱继承是指在继承开始后,继承人按照被继承人合法有效的遗嘱取得被继承人的遗产。遗嘱继承中,谁是继承人、继承人能分得多少遗产、怎样分配遗产等问题都是由被继承人活着的时候按照自己的意思在遗嘱中确定好的,所以,遗嘱继承也被叫做指定继承。遗嘱继承中,立遗嘱的被继承人叫遗嘱人,依照遗嘱享有继承权的人叫遗嘱继承人。遗嘱继承虽然不叫法定继承,但也是由法律规定并受法律保护的。发生遗嘱继承的前提是被继承人在死亡之前必须立过合法有效的遗嘱。如果被继承人立有合法有效的遗嘱,但被继承人还活着,遗嘱继承就不能开始。如果被继承人死了,但没有遗嘱或者遗嘱是无效、不合法的,遗嘱继承也不能开始。遗嘱继承的效力优先于法定继承。被继承人死亡后,有遗嘱的,先要按照遗嘱继承,没有遗嘱的,才按照法定继承办理。虽然有遗嘱,但遗嘱是无效的,也按法定继承办理。遗嘱一部分有效,另一部分无效,无效的那部分要按照法定继承办理,有效的那部分按照遗嘱继承。

【案例】

余雅、余言、余娟是三姐弟。余言去世前,曾写下遗嘱,表明死后愿将一套住房等所有财产赠与姐姐余雅。但两年过去,房屋产权仍登记在余言名下。为了获得受遗赠的房屋,将产权登记至自己的名下,余雅将另一法定继承人,即姐姐余娟告上法庭,请求依法确认自己为余言的遗嘱继承人,确认自己为闵行区航华新村这套房屋的继承人。为了打赢官司,古稀老太余雅特地委托了律师作为诉讼代理人,并亲自上法庭参加了庭审。余雅与余言系同胞姐弟关系。其父母已分别于20世纪死亡。2006年6月,余言因病死亡,余言曾于2005年自书遗嘱,内容为:"本人死后愿将住房赠与姐姐余雅,所余一切钱物均由余雅全权处置。"经查,余言生前未婚,未生育子女。余雅称,余言过世后,因其第一顺序法定继承人均无,而第二顺序法定继承人仅存自己和余娟两人。余言立有遗嘱并交付给自己,故认为余言的遗嘱系其真实意思表示,自己依法享有继承权。现年70岁的余雅老太将姐姐余娟诉至法院,要求继承已故弟弟余言遗留下来的房屋一套。

(本案例摘自中国法院网,《老太凭遗嘱告姐姐,法院确认房产继承人》)

【案例解析】

本案中,因被继承人余言无第一顺序法定继承人,其兄弟姐妹可作为第二顺序法定继承人享有继承权。在余雅主张按遗嘱继承行使继承权时,其姐姐余娟作为与余雅同一顺序法定继承人可依法享有抗辩的权利,但余娟经传唤无正当理由拒不到庭,故视其放弃抗辩和质证的权利,依法缺席判决。余言所立遗嘱,符合法律规定的形式要件和实质要件,应予确认。因此,法院作出判决,确认坐落于闵行区航华新村的这套住房归余雅继承。

2.什么情况下才能按遗嘱继承?

被继承人死亡后,在下列情况下,才能按照遗嘱继承:

(1)没有遗赠扶养协议。遗嘱继承的效力虽然比法定继承高,但却比遗赠扶养协议低。被继承人死亡后,要先看有没有遗赠扶养协议,如果有遗嘱扶养协议,就要按照遗赠扶养协议来处理遗产;没有遗赠扶养协议或者遗赠扶养协议无效,才按照遗嘱继承。遗赠扶养协议有效,但只涉及被继承人的一部分遗产的,涉及的那部分按照遗赠扶养协议处理,没有涉及的那部分遗产按照遗嘱继承。如果遗赠扶养协议与遗嘱有对同一笔遗产有不同的安排,相互抵触时,按照遗赠扶养协议所说的处理。(2)被继承人的遗嘱是合法有效的。被继承人生前没有立遗嘱的,无法按照遗嘱继承,被继承人立有遗嘱的,遗嘱必须是符合法律规定的。如果遗嘱不合法,就不能按照遗嘱继承。(3)遗嘱中所指定的继承人没有丧失继承权,也没有放弃继承权。如果继承人丧失或者放弃了继承权,即使遗嘱中指定由此人继承,他也不能继承。(4)遗嘱中指定的继承人在继承开始时还活着,如果遗嘱继承人在立遗嘱人死亡之前已经死亡,就不能按照遗嘱继承,也不能发生代位继承。

【案例】

齐老先生有三儿一女,只有小女儿齐梅在北京与齐老共同生活。齐老去世后,四个孩子为房产继承的事闹上了法院。齐梅主张,父亲留下的那套房产应归她一人所有。为此,她拿出了父亲于2003年5月(即去世前四个月)留下的一张赠与说明。该说明的内容为:"本人自愿将由齐梅出资购买的70平方米住宅一套赠与齐梅。"对此,齐梅的三个哥哥并不认可。他们指出,赠与说明中没有父亲的签名,落款处仅有"保姆张淑珍代书"几个字。

一审法院经审理认为,齐梅提供的赠与说明不符合赠与合同的法定要件,没有房屋所有权人齐老的亲笔签名或其合法委托特定人员进行赠与行为的书面证据,事实上齐梅也未办理过户手续,故仅凭赠与说明不能认定赠与关系的成立,涉案房产应依法定继承规定进行继承。考虑到齐梅长期与父亲共同生活,故一审法院判决涉案房屋归齐梅所有,齐梅给付三个哥哥每人房屋补偿款各7万元。齐梅不服一审判决,认为赠与说明实为父亲的遗嘱,要求二审法院按遗嘱继承予以改判。二审法院经审理,作出驳回上诉、维持原判的终审判决。

(本案例摘自北青网《法制晚报》,《遗嘱不合格,继承有变》)

【案例解析】

本案争议的焦点为齐梅提供的赠与说明的性质。遗嘱可以分为自己遗嘱、代书遗嘱、口头遗嘱、公证遗嘱等形式,但不同形式的遗嘱,其形式要件又有不同的要求。齐梅提供的赠与说明不是齐老本人所写,显然不属于自书遗嘱。在该赠与说明上没有齐老的本人签名,不符合代书遗嘱的形式要件。口头遗嘱只能是立遗嘱人在危急情况下适用,待危急情况解除后,遗嘱人能够用书面或者录音形式立遗嘱的,所立的口头遗嘱无效。齐老在赠与说明形成后数月去世,故不能认定赠与说明系齐老有效的口头遗嘱。据此,不能认定赠与说明是齐老所留遗嘱,故涉案房产应按法定继承规定继承。因此,二审法院维持了一审法院的判决。

3.什么是遗嘱?

前面一直在说遗嘱继承,即按照被继承人生前留下的合法遗嘱中的要求来继承。那么,我们首先要知道什么是遗嘱。遗嘱是指死者生前在法律允许的范围内,按照法律规定的方式对他的财产或者其他和财产有关的事务进行的安排和处理。立遗嘱人也就是死者可以在遗嘱中指定继承人(必须是法定继承人范围内的人)、继承的份额、继承的顺序,等等。合法的遗嘱在遗嘱人死亡之后发生效力,继承要按照遗嘱中的要求进行。

【案例】

1989年9月4日,年近花甲的徐老太与陈先生再婚。结婚后的这对老人相濡以沫,晚年生活和谐美满,并于2001年共同购买了一套房屋。2003年,陈先生感到年事已高,便立下将两人购置的产权房和自己所有财产赠与徐老太的的遗嘱。陈先生先于徐老太去世。之后,徐老太也住进了敬老院。

由于和陈先生与原配妻子所生的四个子女对陈先生的遗产分配未达成一致意见,徐老太于今年2月诉至闵行区法院,要求判决这套夫妻共有房屋中属陈先生的份额由自己继承,并向法庭出示了陈先生生前所写的一页具有遗嘱性质的书面材料:"在我离世后,我将现居产权房以及房内及我所有财物全部毫无保留地赠送给你,以作你日后养老所用。……我的遗体已与红十字会签约,死后无偿捐献给上海市红十字会,用于医药科学事业,一分开支都不要。生老死别、人之常情,何况我已高寿,尚请节哀,安度晚年。此致徐××爱妻。"落款有陈先生签名及私章。下面还有陈先生所书附注:"此信等于遗嘱,如有发生不利及违反上述情况,请令弟、令贤婿、爱子、爱女均可据此仗义执言,为你讨还公道。"见到遗嘱,陈先生的四个子女却坚持认为遗嘱应有两页,现徐老太只提供一页,显然不完整,故不予认可。

(本案例摘自中国法院网,《老妪凭一纸遗嘱获亡夫财产继承权》,作者:杨克元)

【案例解析】

本案中,陈先生已经附注"此信等于遗嘱",有自己的亲笔签名和日期,并且对相关遗产的处分都做了清晰的表达。法院对这份材料进行了审查,认为该材料的主要内容是陈先生对其遗产的处分,具有遗嘱的性质。材料行文流畅、自然,言辞恳切,对相关的遗产处分事宜意思表达完整、清晰,并在附注中作了"该材料具有遗嘱的效力,希望遵照执行"的特别强调,法庭确认具有证明力及遗嘱效力。徐老太应当继承遗嘱中注明由其继承的产权份额。

4. 遗嘱有哪些特点?

遗嘱有以下特点:(1)遗嘱人在立遗嘱的时候不需要经过他人的批准或者同意,只要遵照自己的意思就可以了,被胁迫所立的遗嘱是无效遗嘱。(2)遗嘱人所立的遗嘱并不会马上生效,要到遗嘱人死亡时,遗嘱才生效。(3)遗嘱涉及继承人的财产利益,而且遗嘱生效时被继承人已经死亡,无法知道被继承人的真实意思,很容易被篡改和伪造,所以,法律对遗嘱的形式有非常严格的要求。遗嘱人立遗嘱时必须严格遵照法律规定的方式和要求进行,否则就不发生效力。这是为了保证遗嘱的真实性,保护继承人的权利和被继承人的权利。(4)遗嘱必须是遗嘱人亲自订立的,由他人代为订立的遗嘱不发生法律效力。继承法上规定的代书遗嘱,不是由代书人按照自己的意思订立遗嘱,而是由代书人按照遗嘱人的意思和要求订立遗嘱,代书人、遗嘱人、其他证人都要在遗嘱上签字画押才有效。

【案例】

张某的父亲是个文人,擅长写作。母亲李月于1992年去世。2003

继承法与农民生活

年,张某的父亲身患重病医治无效死亡,享年90岁。老人死后,张某等人发现在父亲抽屉里有一份遗嘱,遗嘱中老人将房产确认为张某等共同共有,但刘某(是张某生前的保姆)有可终生使用权,对其他财产也作了处理决定,并且将刘某指定为遗嘱执行人。遗嘱中指定将老人遗留的所有财产,如存款、股票房产证交由刘某保管。遗嘱是老人亲笔书写,落款处有老人签名,但没有写明立遗嘱的时间。老人去世一个月后,刘某起诉到法院,要求张某等人按照遗嘱履行,主张自己对老人遗留的房产有终生使用权,自己是遗嘱执行人,有权保管老人的财产。起诉后,张某等人非常震惊,自己家中的事情,却要由外人来掺和,且人家有理有据。张某等人非常生气,于是聘请了律师应诉出庭。

(本案例摘自北京离婚法律网,《只要用心去做,一切皆有可能》,作者:李春艳)

【案例解析】

本案的关键是判定张某父亲遗嘱的效力。一份合法有效的遗嘱必须主体、客体、内容、形式都合法。首先,从主体来看,原告提供的被继承人张先生的遗嘱没有设立遗嘱的时间,无法判断遗嘱订立的时间,也就无法判断立遗嘱人立遗嘱时是否神志清醒、是否有民事行为能力。其次,从客体来看,被继承人张某的父亲和李月是夫妻,1940年登记结婚,妻子李月于1992年8月3日去世。对属于李月所有的那一份遗产,李月去世后,各继承人都没有表示过放弃继承,根据继承法第二十五条第一款的规定,应视为均已经接受继承。根据民法通则若干意见第一百七十七条,"继承开始后,继承人未明确表示放弃继承的,视为接受继承,遗产未分割的,即为共同共有"。所以张某母亲李月遗留的财产应属于合法继承人共同共有,而本案被继承人在遗嘱中显然处分了与妻子共有的财产,立遗嘱人处分了不属于自己的个人财产,遗嘱就要部分或全部无效。第三,从内容来看,被继承人在遗嘱里处分了与妻子的共有财产,立遗嘱人处分他人财产的,遗嘱部分无效或全部无效。根据继承法二十七条规定,"遗嘱无效部分所涉及的遗产以及遗嘱未处分的遗产",应当按照法定继承办理。第四,从形式来看,本案所涉遗嘱是自书遗嘱,继承法第十七条第二款规定,"自书遗嘱由遗嘱人亲笔书写、签名,注明年、月、日"。本案中的遗嘱虽然是张先生亲笔书写,且有签名,却没有注明立遗嘱的时间,这就无法判断遗嘱订立的时间,也就无法判断立遗嘱人立遗嘱时是否有民事行为能力。综上所述,原告刘某提供的张先生这份遗嘱无论在内容、形式等方面都不符合我国法律的相关规定,所以该遗嘱应当是无效遗嘱,张先生的遗产应当按照法定继承,由第一顺序的继承人继承。原告刘某无权干涉被继承人的遗产继承和分割,其主张的第二、第三项诉讼请求没有依据。

5.遗嘱有哪些形式?

我国继承法规定的遗嘱形式有公证遗嘱、自书遗嘱、代书遗嘱、录音遗嘱、口头遗嘱五种。法律对不同形式的遗嘱有不同的要求。

(一)公证遗嘱。公证遗嘱是指经国家公证机关依法认可其真实性与合法性的书面遗嘱。公证遗嘱是所有五种形式的遗嘱中效力最高的,也就是说,既有公证遗嘱又有其他遗嘱时,以公证遗嘱为准。继承法第十七条第一款规定:"公证遗嘱由遗嘱人经公证机关办理。"所以,办理公证遗嘱时,必须由遗嘱人亲自到公证机关去,亲笔书写遗嘱内容,遗嘱人不识字或者不会写字的,一般是由遗嘱人口头说出自己的意思,由公证人员帮其写成书面遗嘱,再向遗嘱人宣读,遗嘱人确认无误之后,签名或者摁手印。这里的公证机关指的就是各省、自治区、直辖市及县(市、区)的公证处。公证处对公证遗嘱所需的材料要求非常严格,需要有户口本或者居民身份证、护照等,遗嘱所涉及的财产的产权证明(比如房屋产权证、存折),遗嘱的草稿(要写明自己的基本情况和处理财产的打算,不识字没有草稿的可以请公证人员代写),遗嘱公证申请表等。办理了遗嘱公证之后,如果遗嘱人改变了想法,可以到原来办理公证的公证处通过法定手续更改或者撤销原来公证过的遗嘱。更改之后,以新的遗嘱为准;撤销之后,等于没有立遗嘱。继承法第二十条第三款规定:"自书、代书、录音、口头遗嘱,不得撤销、变更公证遗嘱。"

(二)自书遗嘱。自书遗嘱是指遗嘱人生前亲笔书写制作的遗嘱。自书遗嘱是广大农村非常常见的一种遗嘱。继承法第十七条第二款规定:"自书遗嘱由遗嘱人亲笔书写,签名,注明年、月、日。"所以自书遗嘱必须符合几点要求:(1)必须全部由遗嘱人亲笔书写,由他人代写的、打印的都不算自书遗嘱。(2)必须由遗嘱人亲自签名。(3)必须注明设立遗嘱的年、月、日。遗嘱人修改已经立好的遗嘱时,要用文字说明,并且也要签名,注明修改的时间。继承法意见第四十条规定:"公民在遗书中涉及死后个人财产处分的内容,确为死者真实意思的表示,有本人签名并注明了年、月、日,又无相反证据的,可按自书遗嘱对待。"

(三)代书遗嘱,也称为代笔遗嘱,是指由遗嘱人口述内容,他人代为书写的遗嘱。代书遗嘱仅仅是遗嘱人不识字或者不会写字的情况下,由其他人替他把遗嘱书写在纸上,而不是代理遗嘱,即由其他人代理他作出遗产的安排,我国法律不承认代理遗嘱。由于代书遗嘱容易被人篡改,所以法律规定了非常严格的要求。继承法第十七条第三款规定:"代书遗嘱应当由两个以上的见证人在场见证,由其中一人代书,注明年、月、日,并由代书人、其他见证人和遗嘱人签名。"按照这条规定,代书遗嘱必须这些要求:(1)必须由两个或者两个以上的见证人在场见证,只有一个见证人的代书遗书没有效力。见证人必须是完全民事行为能力人,并且不能和遗嘱人、继承人有利害关系。(2)由两个见证人中的一人代为书写,代写的必须是遗嘱人口述的内容,写完后要原原本本地向遗嘱人宣读,以便遗嘱人确认签字。如果代为书写的见证人没有按照遗嘱人的意思书写遗嘱,而且向遗嘱人宣读时蒙骗遗嘱人签了字,就属于无效的遗嘱,不发生法律效力。(3)遗嘱人确认遗嘱内容正确无误后,应该由代书人在遗嘱上注明年、月、日,并且代书人、其他见证人、遗嘱人都要签名才有效。

(四)录音遗嘱。录音遗嘱是指以录音带把遗嘱人口述的遗嘱内容录制下来的遗嘱。因为录音带容易被心怀不轨的人剪辑伪造,所以法律对录音遗嘱的形式也作了严格限制。继承法第十七条第四款规定:"以录音形式立的遗嘱,应当由两个以上见证人在场见证。"这是为了保证录音遗嘱中所录的遗嘱内容确实是遗嘱人的意思。在录音中遗嘱人还应录入自己的姓名、录制的时间,还要说明见证人的姓名、见证的时间和地点。遗嘱人录制完遗嘱后,应该将录制遗嘱的磁带封起来,并由见证人共同签名,注明年、月、日,然后交给遗嘱人或者见证人保管。

(五)口头遗嘱。口头遗嘱是指由遗嘱人口头表述的,不以任何方式记载的遗嘱。口头遗嘱在我国农村地区甚至比自书遗嘱更加普遍。但是由于口头遗嘱的内容完全要靠见证人来证明,很容易发生纠纷,所以,继承法对口头遗嘱规定了非常严格的条件。继承法第十七条第五款规定:"遗嘱人在危急情况下,可以立口头遗嘱。口头遗嘱应当有两个以上见证人在场见证。危急情况解除后,遗嘱人能够用书面或者录音形式立遗嘱的,所立的口头遗嘱无效。"所以,立口头遗嘱必须符合两个条件:(1)遗嘱人是在非常危急的情况下,没有办法用其他方式立遗嘱,只好立口头遗嘱。比如遗嘱人在生命垂危的弥留时刻,在发生意外事故有生命危险的时候,无法立其他形式的遗嘱。(2)应当有两个以上的见证人在场见证,这两个见证人应该是完全民事行为能力人,而且和继承人没有利害关系。见证人应该将遗嘱人口述的遗嘱记录下来,并由记录人、其他见证人签名,注明年、月、日。如果当时来不及记录,见证人应该在有条件的时候及时补记下来,并且同样需要所有见证人的签名,注明年、月、日。(3)危急情况解除后,遗嘱人能够用书面或者录音形式立遗嘱的,原来所立的口头遗嘱无效。比如遗嘱人遭遇了车祸,在昏迷之前立了口头遗嘱,但他被送到医院救治之后苏醒并逐渐康复,能够立书面遗嘱了,这时候他所立的口头遗嘱就失效了。

除了公证遗嘱之外,其他四种遗嘱都是非公证遗嘱,即没有经过公证的遗嘱,但不论是自书遗嘱、代书遗嘱,还是录音遗嘱、口头遗嘱,这些非公证遗嘱都可以去公证,公证之后就变成了公证遗嘱。公证遗嘱效力最高,最有利于保护继承人的权益。

【案例】

甲、乙夫妇生有两子一女,早年购置房屋5间。1991年,甲、乙立下遗嘱将东边2间房给大儿子,西边2间房给小儿子,北房1间分给女儿。1992年8月,甲与大儿子发生矛盾,甲、乙即到公证处作出公证遗嘱,将东房1间分给女儿继承,另1间东房仍归大儿子继承,西房2间分给小儿子。以后甲、乙又为琐事与大儿子发生争吵,甲、乙又于1994年2月在两个见证人在场情况下,作出录音遗嘱,将由大儿子继承的东房1间亦划归女儿继承,西边房屋2间仍归小儿子继承。当年,甲、乙相继去世。甲、乙的两子一女持这几份遗嘱为据,要求分割房产。

(本案例摘自法律教育网)

【案例解析】

本案的关键是遗嘱的效力。《最高人民法院关于贯彻执行〈中华人民共和国继承法〉若干问题的意见》第四十二条明确指出:"遗嘱人以不同形式立有数份内容相抵触的遗嘱,其中有公证遗嘱的,以最后所立公证遗嘱为准;没有公证遗嘱的,以最后所立的遗嘱为准。"本案中,甲乙夫妇俩所立的第一份遗嘱是自书遗嘱,是遗嘱中最为普通的一种,这份遗嘱规定可大儿子继承2间房屋,小儿子继承2间,女儿继承1间。第二份遗嘱是经过公证的遗嘱,是遗嘱中效力最高的一种,在本案中,也是应当按照此遗嘱所写的内容分割财产,即大儿子继承1间,女儿继承2间,小儿子继承2间。尽管第三份遗嘱是最后一份遗嘱,但是,根据《最高人民法院关于贯彻执行〈中华人民共和国继承法〉若干问题的意见》第四十二条的规定,其效力不如公证遗嘱。所以,本案应按照公证遗嘱分割遗产。

6.什么是遗嘱见证人?

遗嘱见证人是指在遗嘱人立遗嘱的时候,在场证明遗嘱确实是遗嘱人所立的、表达了遗嘱人真实意思的人。由于遗嘱要在遗嘱人死亡之后才能生效实施,遗嘱人已经没有办法再表达自己的意愿,所以遗嘱内容的真实性就尤为重要。而遗嘱见证人是证明代书遗嘱、录音遗嘱和口头遗嘱真实性的人,因此我国法律对遗嘱见证人规定了非常严格的限制条件。继承法第十八条规定:"下列人员不能作为遗嘱见证人:(一)无行为能力人、限制行为能力人;(二)继承人、受遗赠人;(三)与继承人、受遗赠人有利害关系的人。"无民事行为能力人和限制民事行为能力人由于智力发育不成熟,判断能力弱,无法充当证人;继承人、受遗赠人因为是遗嘱生效后接受遗产的人,事关他们的利益,容易出现串通起来篡改遗嘱,侵犯其他继承人和受遗赠人利益的情况;与继承人、受遗赠人有利害关系的人,他们可能会为了自己的利益而丧失公正的立场,作出假的或不准确的证明,从而损害继承人和受遗赠人的利益,所以不能作为遗嘱见证人。

【案例】

原告刘甲诉称,被继承人贺某是刘甲和刘乙、刘丙、刘丁三被告的母亲,贺某生前由刘甲、刘乙轮流赡养。贺某于2007年12月30日去世。

贺某去世前,其所在的大兴区黄村镇某村实行农民土地承包政策30年不变,增人不增地,减人不减地。贺某于2005年1月1日与该村村委会签订了土地承包经营合同,并拥有确权确利土地1.2亩,其去世后仍享有土地承包经营的收益。

2008年春节前,贺某分得村委会发放的土地承包经营收益款3500元,该款由刘乙领走,刘甲向其主张该笔遗产,刘乙拒付。刘甲要求法院判决其对贺某在大兴区黄村镇某村人均确权的1.2亩确权确利土地收益享有法定继承权。

被告刘乙辩称:"刘甲所称我母亲的确权确利土地1.2亩及其收益属实。但在2007年4月1日,轮到原告刘甲赡养母亲贺某,因贺某2006年的收益款2000元已由我领取,原告刘甲与我为此款分配产生矛盾,刘甲未按期接母亲,贺某此后由我继续赡养。贺某去世前,通过录音立下遗嘱,声明土地受益权由我继承。该遗嘱由我、被告刘丙、被告刘丁以及刘丁的朋友郭某做见证人。"

被告刘丙和刘丁均请求法院依法判决。

法院经审理认为,以录音形式立的遗嘱,应当有两个以上见证人在场见证,与继承人有利害关系的人不能作为遗嘱见证人。本案中被告刘乙出示录音光盘,证明被继承人贺某留有录音遗嘱,1.2亩土地的受益权由被告刘乙继承。但因该录音遗嘱的见证人中被告刘乙系遗嘱继承人,被告刘丙、刘丁系本案的法定继承人,与刘乙存在利害关系,见证人郭某与被告刘丁系朋友关系,故被告刘乙所出示录音光盘内容不符合录音遗嘱的条件,遗嘱继承不能成立。贺某在大兴区黄村镇某村享有1.2亩确权确利土地收益系事实,原告刘甲作为被继承人贺某的儿子,对贺某的上述遗产应享有法定继承权,对于其要求享有法定继承权的请求,应予支持。据此,法院判决原告刘甲对被继承人贺某在北京市大兴区黄村镇某村1.2亩确权确利土地的收益享有法定继承权。

(本案例摘自北京法院网,《录音遗嘱的效力取决于见证人的合法性》,作者:杨洁)

【案例解析】

本案中涉及的是录音遗嘱的效力判定,据继承法第十七条规定:"以录音形式立的遗嘱,应当由两个以上见证人在场见证。"继承法第十八条规定了哪些人不能作为遗嘱见证人。本案中,被告刘乙提供的录音遗嘱中,由刘乙、刘丙、刘丁和郭某作为见证人。由于刘乙是录音遗嘱中所立遗嘱的继承人,不能作为遗嘱见证人;刘丙、刘丁是法定继承人,与刘乙存在利害关系,也不能作为遗嘱见证人;郭某与法定继承人刘丁是朋友,也属于"与继承人存在利害关系的人",同样不能作为遗嘱见证人。由此可见,该案中的四个见证人均不符合法律规定,不能作为遗嘱见证人。因此,该录音遗嘱不符合法律规定,不发生遗嘱继承的效力。法院最终按照法定继承作出判决。

7.哪些遗嘱是有效的遗嘱?

立遗嘱人所立的遗嘱要符合法律的规定才是有效的遗嘱。按照我国法律的规定,遗嘱必须符合以下一些条件才有效:

(一)立遗嘱人要有遗嘱能力。遗嘱能力是指遗嘱人依法所享有的、以遗嘱的形式处分自己财产的能力。也就是说,有遗嘱能力的人才能通过遗嘱处理和安排自己死后财产的归属。继承法第二十二条第一款规定:"无行为能力人或限制行为能力人订立的遗嘱无效。"根据此规定,只有完全民事行为能力的人才有遗嘱能力,才能订立有效的遗嘱。完全民事行为能力人是指年满18周岁以上的、精神正常的成年人,16周岁以上、不满18周岁但却以自己的劳动收入作为生活来源的精神正常的未成年人,也被看作完全民事行为能力人。遗嘱人在立遗嘱时必须具有完全民事行为能力,比如间歇性精神病人(通俗地说,就是一会儿发病一会儿正常的精神病人)在神智清醒时所立的遗嘱,应该是有效的遗嘱。

(二)遗嘱必须是遗嘱人的真实的意思表示。换句话说,遗嘱人必须在遗嘱中真实地表达自己的想法,如何处分自己的财产,不需要征得别人的同意。按照继承法第二十二条第二款、第三款、第四款的规定,受胁迫和受欺骗时所立的遗嘱是无效的,伪造的遗嘱是无效的,遗嘱中如果有被篡改的内容也是无效的,因为这些遗嘱都不是遗嘱人的真实意思。

(三)遗嘱的内容必须是合法的。遗嘱人虽然可以在遗嘱中按照自己的意愿指定继承人、受遗赠人、遗产的分配方法、继承人的继承顺序等,但绝对不能违反宪法、民法、继承法等法律的规定,也不能违背社会公共利益和社会公德。比如某人上有老、下有小,却在遗嘱中指定由二奶继承他的所有遗产,这样的遗嘱内容就是既违法又违反社会公德,是无效的。

(四)遗嘱的形式要符合法律规定的要求。不论是公证遗嘱、自书遗嘱、代书遗嘱,还是录音遗嘱、口头遗嘱,都有自己的法定形式,遗嘱必须要符合法律要求,按照法定形式订立才是有效遗嘱。当然也有例外,按照《最高人民法院关于贯彻执行〈中华人民共和国继承法〉若干问题的意见》第三十五条规定:"在继承法实施前订立的,形式上稍有欠缺的遗嘱,如果内容合法,又有充分证据证明确实是遗嘱人真实意思表示的,也可以认定该遗嘱有效。"

【案例1】

郑先生是郑老伯的独生儿子。1993年3月,郑老伯再婚,娶章女士为妻。2003年10月27日,郑老伯与章女士登记离婚,双方签订自愿离婚协议书,其中有关财产处理的内容有"财产分割:婚前财产归各方,共同财产已分割完毕,并已各自归属。债务:婚后无共同债务"等。2005年9月29日,郑老伯去世。

在郑老伯病重期间,2005年9月12日,郑老伯让人代书遗嘱,郑老伯将其全部财产由儿子郑先生继承。遗嘱由上海市海文律师事务所两律师制作谈话笔录,由郑老伯亲笔签名确认后,制作了见证书。为按照遗嘱取得自己应得的财产,郑先生将后母章女士告上闵行区法院。

(本案例摘自中国法院网,《戴面罩吸氧下所立遗嘱有效 财产全由儿子继承》,作者:杨克元)

【案例解析】

遗嘱须符合四个条件才有效:(一)立遗嘱人要有遗嘱能力;(二)遗嘱必须是立遗嘱人的真实意思表示;(三)遗嘱的内容必须是合法的;(四)遗嘱的形式要符合法律规定的要求。本案中,经两次鉴定,法院认为遗嘱符合以上四个条件,是真实有效的,并且法院还确认了遗嘱见证过程的真实性。据此,法院依法郑老伯的遗嘱作出判决。

【案例2】

曾因一曲《喜欢上海的理由》而闻名沪上的音乐人孔佳因身患肺癌于2006年1月24日去世。同年4月,孔佳的妻子张女士产下遗腹子。此后,围绕遗产是按法定继承还是按代书遗嘱继承的问题,张女士与公婆反目,并闹上法庭。2006年11月,原审法院作出判决:孔佳的婚前财产白玉路房屋和江铃牌汽车一辆归其父母所有,孔佳在招商银行内的10万余元存款中9.6万元归孔佳父母,余款归张女士所有;孔佳在工商银行内的存款以及遗留的录音设备由张女士得50%,余下部分再由张女士和孩子各得一半。宣判之后,张女士提出上诉,称遗嘱代书人潘祥兴是孔佳的舅舅,而根据有关法律规定,代书人必须和本案无利害关系。此外,代书遗嘱上没有潘祥兴的签名,也没有注明日期,该遗嘱在形式上不符合法律规定的格式要求,属于无效遗嘱。原审判决中,孔佳父母在遗嘱中的份额是180万元,而孩子仅得2.5万元,对孩子没有保留足够的份额,严重损害了孩子的利益,故要求撤销原审判决,改判按法定继承继承孔佳的遗产。对此,孔佳父母坚称遗嘱是真实、有效的。孩子所获遗产已足够支付抚养费,如果张女士认为经济上无力承担,老夫妻俩愿意抚养孩子。上海二中院终审判决结果是,确认了孔佳之舅代书遗嘱的效力,并在重新确认孔佳身前存款数额后,适当提高遗腹子的继承数额。

(本案例摘自中国新闻网,《音乐人孔佳遗产终审,提高遗腹子继承额》)

【案例解析】

本案的关键是判定代书遗嘱的效力。法院通过司法笔迹鉴定,遗嘱上孔佳的签名出自他本人之手,表明孔佳对遗嘱内容的确认。虽然遗嘱上代书人未签名、立遗嘱人未注明日期,但通过见证人写明的见证时间,以及代书人、见证人出庭作证,对遗嘱形式上的瑕疵进行了弥补,也印证了代书遗书是孔佳的真实意思表示,因此认定该代书遗嘱有效。至于孩子的份额,应考虑孩子的生活需要、孔佳身前意愿以及张女士所应承担的抚养费用等诸多因素。原审法院根据遗嘱所确定孩子的份额欠少,二审予以适当调整。在招商银行查得的近20万元存款,5万元归孔佳父母,9万余元归张女士,其余归孩子所有。

8.哪些遗嘱是无效的?

生活中,有些遗嘱由于不符合法律规定的条件,成为无效的遗嘱。按照我国继承法第十七条、第十九条、第二十二条的规定,在下面这些情况下，遗嘱是无效的：

第一，无行为能力人和限制行为能力人所立的遗嘱是无效的。前面说过，无行为能力人和限制行为能力人没有遗嘱能力，不具有立遗嘱的资格，他们所立的遗嘱无效。即使后来他们变成了完全行为能力，比如未成年人成年了、精神病人治好了，他们在无行为能力和限制行为能力时所立的遗嘱仍然是无效的。

第二，受胁迫、欺骗所立的遗嘱无效。前面说过，遗嘱必须是遗嘱人真实的意思表示时才是有效的遗嘱。遗嘱人在被胁迫、受欺骗的情况下所立的遗嘱表达的并不是自己的真实意思，因此是无效的。

第三，伪造的遗嘱无效。伪造的遗嘱是别有用心的人模仿被继承人的笔迹和语气假造的遗嘱，因此它根本不是被继承人真实的意思表示。大多数情况下，都是想要抢夺遗产的人为了使自己完全占有或者得到更多的遗产而编造出来的。伪造的遗嘱严重地侵犯了继承人的利益，所以是无效的。即使伪造的遗嘱没有损害继承人的利益，或者是符合被继承人的意思的，但因为它是伪造的，所以也无效。

第四，被篡改的遗嘱内容无效。被篡改的遗嘱和伪造的遗嘱是有区别的。被篡改的遗嘱一般指的是被修改了部分内容，或者被删掉了部分内容，或者被增添了部分内容的遗嘱。而伪造的遗嘱全部内容都是假的，编造的。被篡改的遗嘱如果是全部的内容都被修改过，就成为伪造的遗嘱。被篡改的遗嘱中，被篡改的部分是无效的，没有被篡改的内容如果表达的确实是遗嘱人的真实意思，则这部分仍然有效。

第五，如果遗嘱没有对缺乏劳动能力又没有生活来源的继承人保留必要份额时，对应当保留的必要份额的处分无效，这是最高院继承法意见第三十七条的规定。也就是说，处理遗产时，应当先为缺乏劳动能力又没有生活来源的继承人留出够他们过当地一般生活水平的遗产，剩余的遗产，才能按照遗嘱中确定的分配原则来处理。判断继承人是否缺乏劳动能力又没有生活来源的标准是遗嘱生效时该继承人的具体情况。如果被继承人立遗嘱时，继承人既缺乏劳动能力又没有生活来源，但是被继承人死亡遗嘱生效时，继承人恢复了劳动能力或者有了生活来源,该遗嘱还是会生效。如果被继承人立遗嘱时继承人既有劳动能力又有生活来源,但是被继承人死后遗嘱生效时,继承人变得既缺乏劳动能力又没有生活来源,就要先在被继承人的遗产中分出足够保障该继承人生活的部分,剩下的才能再按照遗嘱分配。

第六,遗嘱中处分的财产不是被继承人自己的财产的,这部分内容无效。这是继承法意见第三十八条的规定,遗嘱中处分了属于国家、集体或他人所有的财产,遗嘱的这部分应认定无效。

第七,在危急情况消失后,原先立了口头遗嘱的人有条件、能够立自书遗嘱,或代书遗嘱、录音遗嘱的,原先所立的口头遗嘱无效。这一点一定要请大家注意,很多人在订立了口头遗嘱之后,认为自己已经立了遗嘱,所以在危急情况消失后很久,也没有重新立书面遗嘱或者录音遗嘱,其实这时候原来所立的口头遗嘱已经成为无效遗嘱了,这样就等于没有立遗嘱。

【案例】

农村妇女郑某与其丈夫刘某(早年已病逝)育有一女,又于1946年收养一个两岁男孩郭某。因丈夫早逝,郑某一人含辛茹苦,将一双儿女抚养成人。1988年在一次朋友聚会上,郭某无意中得知自己的身世,对养母郑某的态度也从此大为改变。2006年1月底,郭某在与其子驾拖拉机外出置办年货时,不小心滑入路边深沟,致郭某颈椎骨折、脑颅骨破裂,医治无效于10日后死亡。在住院治疗期间,郭某立下口头遗嘱一份,将个人全部财产(3间房屋、5万元存款)归其子继承。2006年3月底,已有85岁高龄的郑某委托律师向法院提起诉讼,要求重新分割遗产。

(本案例摘自《检察日报》,《订立遗嘱别侵害了弱者权益》,作者:孙希信 张兆利)

【案例解析】

遗嘱继承的效力高于法定继承,但遗嘱应当对缺乏劳动能力又没有生活来源的继承人保留必要的遗产份额。对于本案,法院经审理认为,郭某生前所立口头遗嘱虽然合法有效,但原告与郭某系养母子关系,实际上多年来一直依靠郭某赡养。郭某死亡后,老人已没有生活来源,且年近九旬,丧失了劳动能力,根据我国继承法等有关法律规定,遗嘱继承应当对没有劳动能力又缺乏生活来源的继承人保留必要的份额,剩余遗产按遗嘱继承。据此,法院判决被告郭某某(郭某之子)返还郑某遗产2万元、房屋1间。该判决体现了我国法律维护公平与正义、侧重保护弱者合法权益的立法原则。

9.遗嘱什么情况下生效?什么情况下不生效?

遗嘱的生效不同于遗嘱的有效。遗嘱的有效是针对遗嘱本身而言的,遗嘱本身符合法律规定的有效条件的,就是有效的遗嘱,但有效的遗嘱不能马上生效,只有符合生效条件才能发生效力。遗嘱的生效指的是有效的遗嘱在什么时候什么情况下发生效力。也就是说,有效的遗嘱可能会生效,而生效的遗嘱一定是有效的遗嘱。

遗嘱要生效,必须同时满足两个条件:(1)必须是有效的遗嘱。前面说过,遗嘱人立遗嘱时必须具有遗嘱能力、遗嘱应该是遗嘱人的真实意思、遗嘱的内容要合法、遗嘱的形式要合法,同时具备这些条件的遗嘱才是有效的遗嘱。(2)遗嘱人死亡时,有效的遗嘱才开始生效。立遗嘱的时间并不是遗嘱生效的时间,有效的遗嘱要在遗嘱人死亡(包括自然死亡和宣告死亡)时才生效,继承才开始。

遗嘱的不生效也不同于遗嘱的无效。遗嘱的无效是指遗嘱不符合法律规定从而不成立。而遗嘱的不生效不仅仅指遗嘱因为无效而不发生效力,还指有效的遗嘱由于某些客观原因的出现而不发生效力。所以说,无效的遗嘱一定不生效,有效的遗嘱在特殊情况下也可能不生效。

有效遗嘱在以下情况下不生效:(1)在遗嘱人死亡前或者被宣告死亡前,遗嘱不生效。有效的遗嘱必须是在遗嘱人死亡的时候才会发生效力。(2)遗嘱继承人、受遗赠人先于遗嘱人死亡的,遗嘱不生效。在遗嘱人死亡前,继承还未开始,此时继承人或受遗赠人就已经先死亡了,没有继承人或受遗赠人的遗嘱当然不生效。(3)遗嘱人死亡前,遗嘱中处分的遗产已经不存在的,遗嘱不生效。比如某人有3间瓦房,他立遗嘱将这些房子作为遗产留给他女儿,但是在他死亡前发生了大地震,他的这3间瓦房化为乌有,房子不存在了,处分该房屋的遗嘱自然不生效。

【案例】

村民唐某有两个子女,儿子唐某强,女儿唐某珠。1997年6月,唐某立下自书遗嘱,言明在自己去世之后,自己的财产房屋4间、存款5000元由唐某强继承,另有存款20000元由女儿唐某珠继承(唐某珠出嫁后在外省),并注明由其弟唐某松为遗嘱执行人。1998年9月15日,唐某因病死亡,作为遗嘱执行人的唐某松及时与住在外省的唐某珠联系,要其回来继承遗产,这时才知道唐某珠已于1998年9月12日因事故死亡,现在唐某珠还有一个儿子谭某。谭某知道外祖父唐某的遗嘱内容以后,就以母亲唐某珠死于外祖父唐某之前,自己又是唐某珠的亲生儿子,要求代替母亲来继承外祖父唐某的遗产,遭到唐某强的坚决反对,遗嘱执行人唐某松也不知道如何处理。谭某遂诉至法院,要求代位继承唐某的20000元遗产。

法院经审理认为,唐某生前立有遗嘱,应当按照遗嘱执行,但是唐某珠已经先于唐某死亡,而遗嘱继承不适用代位继承,其应当继承份额存款20000元不能由谭某代位继承。该部分应当作为唐某未作安排的遗产,按照法定继承处理,这时谭某可以代位继承母亲唐某珠应当继承的份额,由继承人唐某强和谭某均分。法院依法判决,对遗嘱中应由唐某珠继承的20000元,由唐某强和谭某各继承10000元,其余遗产仍按照遗嘱内容执行。

(本案例摘自法律教育网,《代位不适用遗嘱继承》,作者:凌忠实)

【案例解析】

本案中,遗嘱继承人唐某珠先于遗嘱人死亡,遗嘱不生效。在遗嘱人死亡前,继承还未开始,此时继承人或受遗赠人就已经先死亡了,没有继承人或受遗赠人的遗嘱当然不生效。唐某珠之子谭某欲代位继承是不可以的,因为代位继承属于法定继承的范畴,从代位继承人范围到代位继承时的遗产分配原则,都是法律直接规定的,他人无权任意变更。而在遗嘱继承中,因为遗嘱在遗嘱人死亡时发生法律效力,所以遗嘱继承人先死亡时并不享有继承权,因而其晚辈直系血亲也就没有代位继承的权利,故遗嘱继承中不适用代位继承。本案中,唐某于1997年6月立下自书遗嘱,言明在自己去世之后,存款20000元由女儿唐某珠继承,但是唐某珠先于唐某死亡,在唐某死亡时,遗嘱中指定的20000元唐某珠已不能实际继承了,唐某的遗嘱只有部分发生效力,而关于这20000元的部分不发生法律效力。既然该部分没有法律效力,那么作为唐某珠的儿子谭某也就不能够以代位继承人的身份来继承这20000元遗产。案件中的20000元应当按照法定继承关系处理,由唐某的子女唐某强、唐某珠共同继承。但是在适用法定继承处理这部分遗产的时候,唐某珠作为唐某的先亡子女,有权继承其中的份额就应当由其儿子谭某以代位继承的方来式实现,因此谭某有权代位继承其中的10000元,对于遗嘱中确定的其他遗产仍然按遗嘱中的安排处理。因此,法院作出上述判决。

10.哪种遗嘱效力最高?

我国继承法规定有五种形式的遗嘱:公证遗嘱、自书遗嘱、代书遗嘱、录音遗嘱、口头遗嘱。这五种形式的遗嘱中,公证遗嘱的效力是最高的。继承法第二十条第三款规定:"自书、代书、录音、口头遗嘱,不得撤销、变更公证遗嘱。"继承法意见第四十二条规定:"遗嘱人以不同形式立有数份内容相抵触的遗嘱,其中有公证遗嘱的,以最后所立公证遗嘱为准;没有公证遗嘱的,以最后所立的遗嘱为准。"由此可以看出,公证遗嘱效力最高,最能有效地保护继承人的合法权益。自书遗嘱、代书遗嘱、录音遗嘱、口头遗嘱都可以拿到公证处去公证,公证之后,就变成了公证遗嘱。

【案例】
葛某(女)1989年与杨某(男)结婚,婚后夫妻二人一直与葛某的单身母亲何某共同生活。2002年5月,何某去世,并留有经公证的遗嘱一份,上面写道:将其个人所有的遗物及存款4万元留给独生女葛某。2003年4月,葛某、杨某发生离婚纠纷,杨某要求继承何某遗产。试问:杨某的主张能否得到支持?
(摘自北京婚姻家庭律师网)

【案例解析】
婚姻法第十七条和第十八条规定:遗嘱或赠与合同中确定只归夫或妻一方的财产为夫妻一方个人财产。如果在遗嘱或合同中没有确定,那么在婚姻关系存续期间继承或赠与的财产则为共同财产。本案中,何某的公证遗嘱已明确女儿葛某是其唯一遗嘱继承人,故杨某要求继承何某遗产的主张得不到支持。

11.遗嘱人能不能用摁指印代替签名?

按照我国继承法的规定,书面遗嘱不论是公证遗嘱、自书遗嘱还是代书遗嘱,都要求遗嘱人要亲笔签名。不仅要求遗嘱人要亲笔签名,遗嘱见证人也要在遗嘱上亲笔签名。但在我国广大农村地区,很多人至今不识字,或者虽然识字但却不会写字,这种情况下,遗嘱人可以用摁指印代替签名,因为每个人的指纹都是不同的,所以也可以起到证明身份的作用。对于遗嘱见证人,建议大家尽量邀请会写字的人担任,实在不会写字的,也可以用摁指印代替。

【案例】
张老汉生前先后写过四份遗嘱,每份遗嘱的内容都不一样。2003年11月15日,张老汉在公证处立公证遗嘱,将房屋遗赠与外甥周某所有;2004年10月11日,他在公证处又立一份公证遗嘱,将房屋遗赠与外甥李某、周某共同所有;2006年12月8日,张老汉又办理了声明书公证,自愿撤销上述遗嘱,并于同年自书遗嘱,载明去世后房屋由四个子女平均分配。2007年,张老汉在蓬莱儿子张某高家中居住,留下代书遗嘱:去世后房产由张某高一人继承。张老汉在代书遗嘱上按下指印,并由蓬莱一家法律服务所在遗嘱上加盖公章并出具见证书。2007年1月24日老人去世,四份内容不同的遗嘱引来纷争。在法庭上,张老汉的女儿解释了遗嘱的由来:父亲以前与子女关系不好,曾经将房屋公证给外甥继承,后老人身体不好,三个女儿照顾父亲,父亲于是想将房产证要回给四个子女继承,后来父亲随儿子回老家居住,又改变主意。最后一份遗嘱的订立没有三个女儿在场,且这份遗嘱及谈话笔录没有父亲的亲笔签名,错误、疑点众多,涉嫌伪造。儿子张某高按照最后一份遗嘱的内容要求继承父亲的房屋,但其他三个姐妹不认可,并怀疑这份遗嘱的订立有"猫腻"。争执不下只好对簿公堂,四方法院近日依法认定以最后所立遗嘱为准。

(本案例摘自《青岛晚报》,《4份遗嘱给女儿留下官司》,作者:谭雯雯)

【案例解析】

没有亲笔签名但按下指印的遗嘱有效。本案中,张老汉在代书遗嘱上按下指印,并有见证人与张老汉的谈话记录,代书遗嘱发生时无利害关系的见证人出庭作证予以证明。这些证据相互印证,足以证明该遗嘱确为张老汉亲自所立,应认定为有效。

12. 电子邮件里的遗嘱是否有效?打印的遗嘱是否有效?

现代社会,科技越来越发达,即便是在农村,很多人也都会操作电脑,甚至购买了电脑。电脑的普及使得电子邮件的遗嘱和打印的遗嘱越来越多,那么电子邮件里的遗嘱和打印的遗嘱是不是有效,管不管用呢?这是很多人都困惑的问题。

电子邮件里的遗嘱一般是无效的,因为电子邮件中不可能有遗嘱人的亲笔签名和日期,遗嘱人也不可能在电子邮件里摁手印,无法辨别真伪,所以是无效的。但如果遗嘱人把电子邮件里的遗嘱用打印机打印了出来,并且亲笔签上了姓名和日期,该遗嘱确实表示了遗嘱人的真实意思,而且没有相反的证据证明其不是遗嘱人真实意思的,可以看作自书遗嘱,是有效的。

打印的遗嘱如果没有签名和日期或者签名和日期都是打印的,这样的遗嘱是无效的,因为打印的文字没有办法辨别是不是遗嘱人的遗嘱。打印的遗嘱如果由遗嘱人亲笔签上了姓名和日期,是遗嘱人真实的意思表示,并且没有相反证据的,可以按照自书遗嘱对待,是有效的;打印的遗嘱不但签上了遗嘱人的姓名和日期,而且有两个或者两个以上的见证人,见证人也签上了姓名和日期,就可以看作是代书遗嘱,是有效的。

【案例】

沈柏荣是位无儿无女的孤老,早年虽育有一养女,后因故解除了与养女的关系。晚年的一次意外交通事故,使沈柏荣的身体大不如前。2001年12月16日,即将住院动手术的沈柏荣为防不测,立下遗嘱,开列了一份"身后财产分配单",将自己的房产、股票、储蓄等百万元财产平均分为四份,分别留给自己的侄子、侄女、侄孙和已断绝父女关系的养女。"财产分配单"还特别注明:"弟弟沈某无权享受以上任何一项本人财产。"沈柏荣病故后,亲属在清点老人的遗物中发现了这份"财产分配单",上面有沈柏荣本人的亲笔签名和落款日期,但全部内容都是用电脑打印而成。沈柏荣的弟弟沈某见自己作为法定继承人反而得不到遗产,心生不满,一纸诉状将侄子、侄女和侄孙等遗嘱中的财产继承人告上了法庭,理由是"财产分配单"是用电脑打印的,而沈柏荣生前根本不会操作电脑,由此断定这份"财产分配单"是由他人打印而成,是代书遗嘱,而这份代书遗嘱没有法律规定的代书人及见证人的签名,因此属于无效遗嘱,沈柏荣的遗产应由自己继承。

(本案例摘自《上海法制报》,《打印的遗嘱同样有效》,作者:王抗美)

【案例解析】

社会是不断发展的,继承法不可能将所有的遗嘱形式都罗列进去。今天出现了电脑打印而遗嘱人签字的遗嘱形式,将来还可能有其他的遗嘱形式出现。继承法只罗列了四种遗嘱形式,但只要是法律不禁止的遗嘱形式,立遗嘱人都可以使用。确定一份遗嘱是否有效的关键是看该份遗嘱是否为遗嘱人的真实意思表示。本案中,沈柏荣老人如果是完全民事行为能力人,他在打印件上签字的行为就应当看作打印的内容就是其真实意思的表示,是其遗嘱。如果要主张该遗嘱无效,应当由主张人提出该打印件不是老人真实意思表示的证据,或者老人在该打印件上签字时不是具有完全民事行为能力人的证据。因此,法院认可了这份遗嘱的合法性。法院认为,电脑打印亦是一种书写方式,与他人代书有着本质的区别。沈柏荣作为具有一定文化知识、完全民事行为能力的人,对打印的文字是否直接表达了其意志应当具有判断力。原告也未提供证据证明沈柏荣有其他相反的意思表示,原告称遗嘱无效的主张法院不予认定,原告要求继承沈柏荣遗产的主张亦无法律依据。

13. 遗嘱人能变更和撤销遗嘱吗?变更和撤销遗嘱的方式有哪些?

遗嘱的变更是指遗嘱人在设立遗嘱后、遗嘱生效之前对遗嘱的内容进行修改。遗嘱的撤销是指遗嘱人在设立遗嘱后、遗嘱生效前又取消该遗嘱。遗嘱的变更是针对遗嘱部分内容的修改,如果是改动了遗嘱的全部内容,就等于撤销了原来的遗嘱。

我国继承法第二十条第一款规定:"遗嘱人可以撤销、变更自己所立的遗嘱。"遗嘱人在遗嘱设立之后、生效之前,随时可以变更或撤销遗嘱,但是变更和撤销遗嘱的行为必须要符合法律规定的一些条件才能有效:(1)遗嘱人在变更或者撤销遗嘱时,必须要有遗嘱能力。不具备遗嘱能力的人变更或者撤销遗嘱的行为是无效的。如果设立遗嘱时有遗嘱能力,但变更或者撤销遗嘱时丧失了遗嘱能力,比如得了精神病,变更或者撤销遗嘱的行为就不会发生效力,原来的遗嘱继续有效。(2)遗嘱人变更或者撤销遗嘱必须是出自遗嘱人的真实意思,是遗嘱人自觉自愿所为的。遗嘱人在被胁迫或者受欺诈的情况下变更或者撤销遗嘱的，变更或撤销行为不生效，原来的遗嘱仍然有效。(3)遗嘱人必须亲自变更或者撤销遗嘱，并且要遵照法律规定的程序和方式。让别人代理变更或撤销遗嘱的，变更或者撤销行为无效。

遗嘱人变更或者撤销遗嘱的方式可以是明示的，即明确表示出以前所立的遗嘱不算数，后面新立的遗嘱才是有效的；也可以有一些具体的行为，从而被推定变更或者撤销了遗嘱。

(一)变更或者撤销遗嘱的明示方式。比如另立新遗嘱，并且在新遗嘱上明确表示撤销或者变更遗嘱，以前的遗嘱失去了法律效力。原来的遗嘱是公证遗嘱的，可以以书面形式向原遗嘱的公证机关申请变更或者撤销遗嘱。原来的遗嘱有代书人、遗嘱见证人的，也可以以书面形式向原遗嘱的代书人和见证人声明撤销或变更遗嘱，还可以在以前的遗嘱上明确写出放弃该遗嘱。

(二)变更或者撤销遗嘱的推定方式。有时候，遗嘱人并没有明确表示要变更或者撤销遗嘱，但是他的一些行为实际上已经表明他有变更或者撤销遗嘱的想法，法律由此推定遗嘱人变更或者撤销了遗嘱，并产生变更或者撤销遗嘱的后果，即以前的遗嘱作废，按照新遗嘱继承。遗嘱人的以下三种行为被推定为变更或者撤销遗嘱：(1)遗嘱人立有多份遗嘱，而且每份遗嘱的内容不一样，相互有抵触。这种情况下，推定遗嘱人撤销了以前的遗嘱，以最后的遗嘱作为遗嘱人的遗嘱。如果遗嘱人所立的多份遗嘱中有公证遗嘱，则以最后所立的公证遗嘱为准；没有公证遗嘱的，以最后所立的遗嘱为准。(2)遗嘱人生前的行为与遗嘱内容相抵触的，推定为遗嘱人变更或者撤销了遗嘱。继承法意见第三十九条明确规定："遗嘱人生前的行为与遗嘱的意思表示相反，而使遗嘱处分的财产在继承开始前灭失、部分灭失或所有权转移、部分转移的，遗嘱视为被撤销或部分被撤销。"比如遗嘱人在遗嘱中指定自己的一所房子由他的女儿继承，但是他立遗嘱后不久，却又卖了这所房子，就推定为他撤销了遗嘱。还如，遗嘱人立遗嘱由他的儿子继承他的汽车，但后来他又把这辆汽车送给了别人，或者这辆汽车发生了事故,报废了,就推定他撤销了遗嘱。(3)遗嘱人故意销毁了遗嘱,也推定为他撤销了遗嘱。比如遗嘱人把遗嘱撕了、扔了、烧了,都可以推定遗嘱人撤销了原来的遗嘱。但是如果遗嘱是由别人损坏的,或是由于意外损坏的,而且遗嘱人不知情,就不能推定遗嘱人撤销了遗嘱。

【案例】

农民王老汉有两个儿子,均已结婚成家另过。王老汉早年做过木匠和泥瓦匠,积攒了7万元存款。2000年王老汉的老伴去世后,大儿子王胜主动请父亲与他们一起生活。同年8月,王老汉到公证处办理了一份公证遗嘱,表示自己百年之后除7万元存款中的3万元由次子王利继承外,其余4万元余款及物品全部由大儿子继承。公证遗嘱订立后不久,王老汉突患中风并留下了半身不遂的后遗症。刚开始王胜夫妇还能精心照顾,可时间一长就逐渐厌烦起来。此时,王利便主动将父亲接到自己家里照料其日常起居。2005年5月,王老汉觉得起初订立的遗嘱不妥当,于是重新亲笔自书了一份遗嘱,写明死后其存款中的5万元归王利所有,其他2万元存款及物品归王胜继承。2008年,王老汉病逝。在清理遗产过程中,两个儿子为分割遗产争执不下。王利首先诉至法院,要求按父亲的自书遗嘱继承遗产,王胜则手持公证遗嘱提出反诉。

(本案例摘自大河网,《自书遗嘱不能撤销公证遗嘱》,作者:武德昌)

【案例解析】

我国法律明确规定,公证遗嘱具有高于其他遗嘱的法律效力。《遗嘱公证细则》第二十二条规定:"公证遗嘱生效前,非经遗嘱人申请并履行公证程序,不得撤销或者变更公证遗嘱。遗嘱人申请撤销或者变更公证遗嘱的程序适用本规定。"遗嘱人申请撤销或变更公证遗嘱的,应到原公证处办理撤销遗嘱声明书或新遗嘱,撤销遗嘱声明书或新遗嘱应写明原立遗嘱的时间、经办公证处和公证书编号,并将声明书或新的公证书附原公证卷内一份。本案中,王老汉生前所立两份遗嘱都符合法律规定,均为有效遗嘱,但由于前一份是公证遗嘱,后一份是自书遗嘱,而自书遗嘱不能撤销、变更公证遗嘱。因此,法院判决按公证遗嘱内容对王老汉的遗产进行了分割。

14.遗嘱人以不同形式立有数份内容相抵触的遗嘱时怎么办?

实际生活中,有时候遗嘱人会立好几份遗嘱,而且是不同形式的遗嘱,有公证遗嘱,有自书遗嘱,有代书遗嘱,有录音遗嘱,还有口头遗嘱。这些不同形式的遗嘱内容不一样,甚至还相互抵触。这时候应该以那份遗嘱为准呢?对此,按照法律的规定,应该以最后的遗嘱为准。其中有公证遗嘱的,以最后所立的公证遗嘱为准,没有公证遗嘱的,以最后所立的遗嘱为准。

【案例1】

周江,男,39岁,河南省某县某贸易公司经理。

周海,男,37岁,河南省某县某村小学教师。

周某系河南省某村农民,家有房产6间,老伴早亡。他们生有周江和周海两个儿子。1976年和1978年,周江、周海相继结婚。周江无工作,在家务农,无固定收入,而周海在村小学任教,经济较好,并收入稳定。1980年,周某考虑到这一情况,立下遗嘱:"死后,房产归周江继承。"并在公证处办理公证。此后,周江进城开办贸易公司,生意越做越红火,收入颇丰,相比之下,仍当小学教师的周海显得寒酸多了。根据变化的情况,1990年,周某又写下遗嘱:"我死后,房产归周海继承。"之后将遗嘱交周海保管。1992年,周某去世,周江与周海因房产继承发生争执,并诉于法院。

(本案例摘自找法网,《两份自相矛盾的遗嘱纠纷案》)

【案例解析】

我国继承法第二十条规定,遗嘱人可以撤销、变更自己新立的遗嘱。立有数份遗嘱,内容相抵触的,以最后的遗嘱为准。自书、录音、口头遗嘱,不能撤销、变更公证遗嘱。本案应以公证遗嘱为准,故法院判决房产归周江继承。

【案例2】

刘天顺老伴去世早,膝下有儿子刘二、女儿刘兰,儿女经常照顾刘天顺的生活。刘天顺于1998年立下亲笔遗嘱,百年之后,自己的全部财产由儿子与女儿平分。2001年,刘天顺患癌症后,刘二便很少照顾刘天顺,倒是刘兰一直关心他的生活,为他洗衣做饭。刘天顺觉得刘兰为他付出那么多,应多分些财产。于是亲自到公证机关立下公证遗嘱,明确表示除家中的电视机在其死后归刘二所有外,其他财产均由刘兰继承。刘二得知后,从此再不登门,见到刘天顺也不理睬,见到刘兰更是怒目而视。2005年6月,刘天顺病危住院,刘二也未曾探望过,弥留之际,刘天顺当着医生护士的面,表示他的全部遗产均由刘兰所有。刘天顺过世后,刘二因遗产继承与刘兰发生冲突,诉至法院要求分割刘天顺的遗产。最后法院判决除电视机由刘二继承外,其余的遗产都由刘兰继承。

(本案例摘自北京离婚法律网)

【案例解析】

本案中的三个遗嘱在形式及内容上都有效。根据继承法的规定,被继承人立有数份遗嘱,内容相抵触的,以最后的遗嘱为准。但同时又规定,自书、代书、录音、口头遗嘱不得变更、撤销公证遗嘱。如有公证遗嘱的,应以最后所立公证遗嘱为准;没有公证遗嘱的,以最后所立遗嘱为准,自书、代书、录音、口头四种遗嘱的效力等同。本案中,被继承人刘天顺所立的三份遗嘱中应以公证遗嘱为准,而不是以最后的口头遗嘱为准,因为公证遗嘱经公证机关公证,其证明力、真实性最强。因此,刘兰并不能主张执行最后一个遗嘱。但若本案中没有公证遗嘱,则将以最后所立的口头遗嘱为准。

15.什么是附义务的遗嘱?

有些遗嘱人在立遗嘱时,会指定继承人在继承遗产的同时要担负一定的义务,这就是附义务的遗嘱。

继承法第二十一条规定:"遗嘱继承或者遗赠附有义务的,继承人或者受遗赠人应当履行义务。没有正当理由不履行义务的，经有关单位或者个人请求，人民法院可以取消他接受遗产的权利。"继承法意见第四十三条对此还作了补充："附义务的遗嘱继承或遗赠，如义务能够履行，而继承人、受遗赠人无正当理由不履行，经受益人或其他继承人请求，人民法院可以取消他接受附义务那部分遗产的权利，由提出请求的继承人或受益人负责按遗嘱人的意愿履行义务，接受遗产。"

从上述两条法律规定中，我们可以知道，对于附义务的遗嘱，继承人在能够履行义务的情况下必须履行，继承人没有正当理由却不履行附加的义务的话，就可能丧失继承遗产的权利，但丧失的前提是有关单位或者受益人或者其他继承人向法院提出了请求。人民法院取消他接受附义务的那部分遗产的权利之后，提出请求的继承人或受益人就要按照遗嘱人的意思履行所附的那些义务，同时接受继承人继承的遗产。比如被继承人死亡前指定由他的小儿子继承他最大的一幢房子，但条件是小儿子必须要扶养曾经救过他一命的一位孤寡老人。他死后，他的小儿子过着富裕的生活，却从来没有扶养过那位孤寡老人。这时被继承人的其他法定继承人就可以向法院提起诉讼，要求取消小儿子的继承权，要求小儿子返还已经继承了的那幢房子，法院应当支持该请求。提出请求的其他法定继承人可以遵照被继承人的意思扶养那位孤寡老人，同时继承那幢房子。

还要注意，遗嘱人在遗嘱中所附的义务不得违反法律和社会公共利益，而且不能超过继承人可以通过继承得到的利益，也就是说，遗嘱所附的义务必须是继承人通过继承得到的遗产就能负担的，不能再额外的让继承人自己花费。

【案例】

王大海在去世前立遗嘱，将其留有的现金30万元留给小儿子，并约定由小儿子王小海扶养其叔叔王石。王大海去世后，王小海并未履行义务，从来没有看望过王石。王大海的另外两儿子向法院提起诉讼，要求王小海返还现金30万元。

【案例解析】

本案的关键是附义务遗嘱效力的认定。王大海在遗嘱中所附条件是王小海扶养其叔叔王石,但王小海并没有履行义务。法院应支持王大海另外两个儿子的诉讼请求,要求王小海返还现金30万元。

16.什么是遗嘱执行人?

遗嘱执行人就是执行遗嘱的人。继承法第十六条第一款规定:"公民可以按照本法规定立遗嘱处分个人财产,并可以指定遗嘱执行人。"

遗嘱执行人通常有两类:一类是遗嘱中由被继承人指定的。被继承人既可以指定法定继承人范围内的人担任遗嘱执行人,也可以指定法定继承人以外的人,比如远亲近邻,甚至是有关机关担任遗嘱执行人。如果指定法定继承人以外的人作为遗嘱执行人,必须征得人家的同意,不能强迫别人。一类是法律规定的遗嘱执行人,遗嘱人没有指定遗嘱执行人或者指定的人不同意作为遗嘱执行人,或者指定的遗嘱执行人不能执行遗嘱的,法律规定,遗嘱人的法定继承人为遗嘱执行人,可以是全体法定继承人,也可以由全体法定继承人协商推选出其中一人或者几人作为遗嘱执行人。如果既没有指定的遗嘱执行人又没有法定的遗嘱执行人时,法律规定由社会组织作为遗嘱执行人。这里的社会组织指的是遗嘱人生前所在的单位,或者遗嘱人最后居住地的基层组织,比如村委会、居委会等。

【案例】

1965年10月,某市锅炉厂的技术员蒋民忠,与本厂女工刘某喜结连理。夫妻二人婚后四年未曾生育,后收养一子,取名蒋甲。没想刘某于1971年怀孕生育女儿蒋乙。1982年,蒋民忠因患重病不治而亡,其养子蒋甲便放浪形骸,不服养母刘某的管教,经常与一些不三不四的人在外游荡,惹是生非,并染上赌博的恶习。1995年,刘某患重病住院,全靠蒋乙悉心照料,蒋甲不但不闻不问,而且还对刘某大喊大叫,索要钱财用作赌资。蒋甲的所作所为使刘某感到伤心和失望,她就邀请两位老同事见证,亲笔立下遗嘱:"养子蒋甲不务正业、不孝敬老人,在我患病期间全靠女儿蒋乙一人照料,现在我郑重声明:我死后的全部家产都由女儿继承,由我厂保卫科的科长王某为遗嘱执行人。刘某于1995年4月29日。"1996年12月,刘某在医院去世,该遗嘱便落到遗嘱执行人王某手里,他与遗嘱继承人蒋乙、单位同事常某清查了刘某的全部家产,总共折合人民币23000余元。遗嘱执行人王某向蒋乙索要2000元报酬,否则不将遗产交于蒋乙。蒋乙遂以王某侵犯其合法继承权为由,一纸诉状将王某告上法院。法院认为,遗嘱中没有给予报酬的内容,立遗嘱人和王某也无约定,因此王某索要报酬缺乏依据。王某应当将遗产交于蒋乙。

(本案例摘自婚姻财产继承专家陶毅网)

【案例解析】

通常遗嘱执行人的报酬由当事人约定或者在遗嘱中注明,如果没有约定视为没有报酬,所以法院判决王某无权要求报酬,应当将遗产交于蒋乙。

17.遗嘱执行人有哪些职责?

我国继承法并没有明确规定遗嘱执行人的职责,但结合司法实践来看,遗嘱执行人有以下职责:(一)审查遗嘱。被继承人死亡后,遗嘱执行人要先审查遗嘱人立了几份遗嘱,是不是都合法,是不是都有效,应该执行哪份等。确定了执行的遗嘱后,就要了解遗嘱的内容,看看遗嘱人有哪些遗产,指定了哪些继承人,有没有附义务等。(二)通知。确定了要执行的遗嘱,了解了遗嘱的内容后,就要通知继承人,并且为死亡的被继承人办理死亡证明、户口注销等手续,办完这些手续,遗嘱才能生效。(三)确认、清理、保管遗嘱人的遗产。遗嘱执行人要清楚地知道每一件遗产的具体情况,并且妥善地保管遗产。对于容易变质的遗产,在继承人到来之前,可以先卖掉,卖得的钱就成为遗产。遗嘱执行人还要查明被继承人有哪些债务,有哪些债权。为了清理和保管遗产所花费的钱从遗产中支出,也可以由继承人支付。(四)召集继承人、受遗赠人等相关当事人,宣布遗嘱,并且针对遗产的情况作出一个具体的书面报告或者说明。(五)分配遗产。被继承人欠了税款和债务的,先要偿还税款和债务,或者要明确继承人分担被继承人的债务,再按照遗嘱中指定的份额和顺序,分配遗产给继承人或受遗赠人。分割财产时,应该保留胎儿的继承份额。(六)排除妨害。妨害是指各种损坏遗产和破坏继承进行的行为。对于各种妨害,遗嘱执行人有权利以自己的名义提起诉讼,以便能排除妨害,使继承顺利进行。同时,继承人、受遗赠人也可以监督遗嘱执行人,认为遗嘱执行人执行遗嘱的行为损害了继承人的权益的,继承人和受遗赠人可以提起诉讼。遗嘱执行人对自己造成的损失应该承担相应的赔偿责任。

【案例】

1996年10月17日,上海人王某在河南遭遇车祸,在医院住院治疗期间,王某自书遗嘱一份,内容为:"现金160万元分成四份,由妻子陈某以及王甲、王乙、王丙平分;秋叶有限公司的股份由儿子王甲、王乙继承,两人共同管理,所得效益也由他俩平分;坐落于老家秋唐县的房产归妻子陈某所有,上海市浦东区房产一套归女儿王丙所有。另由秘书林某作为遗嘱执行人。"1997年2月,王某逝世。林某审查遗嘱,确定其有效后通知四名继承人,确认了被继承人的遗产,并详细了解了每件遗产的具体情况,而后林某召集继承人并按遗嘱内容分配遗产。

【案例解析】

本案中,被继承人在遗嘱中指定秘书林某作为他的遗嘱执行人,林某在继承开始后先审查遗嘱,看其是否合法有效,等确定了执行的遗嘱后,就了解遗嘱的内容、确立遗产及继承人的范围。之后便通知继承人,并清理、保管好遗产。而后召集继承人、受遗赠人等相关当事人,宣布遗嘱并分配遗产。林某作为遗嘱执行人正确履行了自己的义务和职责。倘若被继承人欠了税款和债务的,先要偿还税款和债务,再按照遗嘱中指定的份额和顺序,分配遗产给继承人或受遗赠人。分割财产时,若有胎儿还应保留胎儿的继承份额。

18.继承人在按照遗嘱继承遗产后,还能再参加法定继承吗?

遗嘱继承结束后,还有剩余遗产的,这部分遗产就要按照法定继承处理。这时候,遗嘱继承人虽然已经参加了遗嘱继承,按照遗嘱继承了遗产,但他们还是可以和其他没有参加遗嘱继承的法定继承人一起参加法定继承,按照法定继承的顺序和原则继承剩余的遗产。已经按照遗嘱继承的遗产丝毫不影响按照法定继承应该得到的遗产份额。

【案例】

林某于1998年2月查出胃癌并住院治疗,期间,林某立有一份公证遗嘱,其内容为:"本人有现金10万元,由妻子于某继承,房屋2间,由妻子与大儿子林甲平分。"2000年1月,林某逝世。在执行其遗嘱过程中,发现除上述遗产外,其还拥有红旗股份有限公司的股票6万元,则此6万元按法定继承处理,由妻子于某以及两儿子林甲和林乙共同继承,每人2万元。

【案例解析】

本案中,虽然妻子与大儿子林甲已经依照遗嘱取得遗产,但根据继承法意见第六条规定,对于遗嘱未处分的遗产——红旗股份有限公司的股票6万元,他们依然享有继承权,可以按照法定继承得到应得的遗产份额。

第四章 遗赠

1.什么是遗赠?

遗赠是指通过设立遗嘱,把自己遗产的全部或一部分无偿地赠送给国家、社会组织或者法定继承人以外的人,这种赠送是在自己死亡后生效的一种行为。其中,设立遗嘱的人称为遗赠人,被遗嘱人指定接受遗产的国家、社会组织或者法定继承人以外的人叫做受遗赠人,被遗赠的遗产称为遗赠财产或者遗赠物。

2.遗赠有哪些特征?

遗赠有以下特征:(1)遗赠赠送给他人财产是无偿的,不需要受遗赠人付出什么,遗赠人设立遗嘱时也可以附一定的义务,受遗赠人接受赠与他的遗产时要履行这些义务,但这些义务不是要受遗赠人支付金钱,即使履行义务要有一定的花费,这种花费也一定是比他接受的遗产要少的。(2)遗赠是遗赠人在遗嘱中规定的,遗赠人通过遗嘱指定受遗赠人接受遗产,如果不是遗嘱表示的赠与,就不是遗赠。(3)遗赠要在遗赠人死亡之后才生效,这一点和遗嘱继承是一样的,如果遗赠人是在活着的时候把自己的财产赠送给某人,就不是遗赠,而是生前赠与。而且遗嘱人活着的时候还可以随时撤销或者变更遗赠内容,一般情况下生前赠与不能反悔,尤其是公益性的赠与或者公证赠与。(4)受遗赠人必须是法定继承人以外的人,或是国家和其他社会组织。如果受遗赠人是法定继承人范围内的人,那就是遗嘱继承,而不是遗赠。(5)遗赠人要把自己的财产遗赠给谁,是由遗赠人自己决定的,不需要征求别人的意见,并且可以随时按照法定程序变更或者撤销遗赠。而受遗赠人是否接受遗赠,也是由受遗赠人自己决定,不需要征求别人的意见。受遗赠人可以接受遗赠,也可以不接受遗赠,但如果要接受的话,必须亲自接受,不能让他人代理,而且还要明确表示接受,否则就会被认为是放弃接受遗赠。(6)受遗赠人只能接受遗赠的财产,不能参加遗产分配的过程。只有继承人和遗嘱执行人才能参加分配遗产的过程。

【案例】

1996年9月21日,张某立下遗嘱:待其去世后,房屋由妻子马某继承,现金3万元由张甲、张乙平分,其全部字画赠给好友苏某。2007年10月26日,张某病逝。苏某于10月30日做出接受遗赠的表示,于是,苏某即拥有了字画的所有权。

【案例解析】

本案中,张某立遗嘱将全部字画赠与好友苏某,符合遗赠所具备的条件,并且受遗赠人苏某在知道受遗赠后两个月内做出了接受遗赠的表示,于是苏某可以依照遗嘱接受好友张某的遗赠,从而取得字画的所有权。

3.有效的遗赠应具备哪些条件?

遗赠要符合以下这些条件才能成立,才是有效的遗赠:

(一)遗赠人在立遗嘱时,必须要有完全行为能力,也就是说,遗赠人立遗嘱时必须是已满18周岁精神正常的成年人,或是已满16周岁、未满18周岁以自己的劳动收入作为主要生活来源的精神正常的人。

(二)遗赠人立遗嘱确定遗赠时,必须是出于自愿,没有被胁迫,没有受欺骗,是遗赠人完全清醒的时自觉自愿的行为。

(三)遗赠人所立的遗嘱必须是合法的。合法既是指遗嘱的内容合法,也是指遗嘱的形式合法。具体说,合法应包括:(1)遗赠人所立的遗嘱要为缺乏劳动能力又没有生活来源的继承人保留必要的遗产份额,比如配偶、子女、父母、兄弟姐妹、祖父母、外祖父母等法定继承人中年纪大(男60周岁以上,女55周岁以上)的,缺乏劳动能力又没有经济来源,留出足够他们过当地一般水平的生活财产,剩下的财产才能遗赠给别人。否则的话,遗赠就是无效的。也就是说,在交付遗赠的财产之前,要先扣除以上所说的必要的遗产份额,剩下的才能按照遗嘱确定的遗赠原则和方法进行分配。(2)遗赠人所立的遗嘱应该为胎儿保留应继承的遗产份额,否则,该遗赠就是无效的。当然,这里所说的胎儿指的是和遗赠人有血缘关系的胎儿。胎儿出生时是死胎的,由遗赠人的法定继承人继承为胎儿保留的遗产。胎儿出生时活着但之后又死亡的,则由胎儿的继承人继承。(3)遗赠人所立的遗嘱必须符合法律规定的形式,不符合法律规定的形式的遗嘱既不成立,也不生效。

(四)遗赠人赠送的必须是自己的合法财产,不能把属于别人的、集体的、国家的财产遗赠给他人,也不能把贪污、抢劫、窝赃犯罪得来的财产遗赠给他人。

(五)遗嘱生效时,受遗赠人必须还活着。如果受遗赠人先于遗赠人死亡,或者和遗赠人同时死亡(包括推定同时死亡),遗赠无效。如果遗赠人表示,受遗赠人先死亡的,可以由受遗赠人的继承人继承,这就成为一个补充遗赠,也是有效的。

(六)受遗赠人没有丧失受遗赠权。这一点在继承法中虽然没有明确规定,但从司法实践中看,受遗赠人如果对遗赠人有严重的不道德的行为或者有违法行为时,就丧失了接受遗赠的资格,不能成为受遗赠人,之前的遗赠自然也是无效的。

【案例1】

解放初期,林老伯与妻子秦老太就开始抚养七个月大的养女,取名林芳,三人共同生活于浦东的一私房内。林芳外嫁后改为黎芳。1999年11月,林老伯因病归西。2005年,私房动迁,获各类补偿、奖励和补贴近100万元。秦老太取得动迁款项后,用77万元购买了闵行区的二手房一套,但在房屋产权登记时,权利人不但有秦老太,还有侄女林琳。2006年1月,经法院判决,认定黎芳与林老伯、秦老太形成事实收养关系,判决解除了秦老太与黎芳之间的收养关系。该判决书已经生效。2007年6月,秦老太因病死亡,留下的公证遗嘱称闵行区的一套房屋产权由林琳及其丈夫共同继承。

失去了养父母的同时,黎芳也失去了对养父母遗产的继承,黎芳大惑不解,多次与林琳夫妇理论能否得到自己应得的遗产,但终因难以沟通而作罢。于是,黎芳将林琳及其丈夫告上法庭,要求判令林琳夫妇归还由自己依法继承的遗产份额23万余元。

但林琳却认为,黎芳的诉请缺乏依据,且已超过诉讼时效,根据法院的判决书,黎芳与养父母已不再往来,双方的养父母子女关系也已解除。再则,其养母秦老太生前已立下遗嘱并公证,决定将房屋的份额由自己与丈夫共同所有,故不同意黎芳的诉讼请求。

(本案例摘自中国法院网,《养母将遗产赠予侄女 养女诉请自己份额获支持》,作者:杨克元)

【案例解析】

继承法中所说的子女,包括婚生子女、非婚生子女、养子女和有扶养关系的继子女。本案中,黎芳与秦老太同为林老伯遗产的第一顺序法定继承人。私房动迁后,动迁款中1/2应为秦老太所有,另1/2应为林老伯遗产,由黎芳和秦老太共同继承。所以法院判决秦老太偿付黎芳应继承的林老伯遗产份额。另外,继承遗产应当清偿被继承人依法应当缴纳的税款和债务,缴纳税款和清偿债务以他的遗产实际价值为限。据此,林琳夫妇明确接受遗赠并实际取得遗赠财产后,理应偿付秦老太生前所负债务。因此,法院支持了黎芳的请求。

【案例2】

蒋伦芳与黄永彬于1963年5月登记结婚,婚后夫妻关系较好。因双方未生育子女,便收养一子黄勇。1990年7月,被告蒋伦芳因继承父母遗产取得一处房屋,面积为51平方米。1995年,因该房被拆迁,由拆迁单位将77.2平方米的一套住房作为还房安置给了被告蒋伦芳,并以蒋伦芳个人名义办理了房屋产权登记手续。1996年,黄永彬与张学英相识后,二人便一直在外租房公开非法同居生活,居住地周围群众都认为二人是老夫少妻。2000年9月,黄永彬与蒋伦芳将蒋伦芳继承所得的房产以8万元的价格出售给陈蓉,但约定在房屋交易中产生的税费由蒋伦芳承担。2001年春节,黄永彬、蒋伦芳夫妇将售房款中的3万元赠与其子黄勇在外购买商品房。黄永彬于2001年4月18日立下书面遗嘱,将其住房补贴金、公积金、抚恤金和卖房所得的一半4万元及自己所用的手机一部,赠与张学英。2001年4月20日,泸州市纳溪区公证处对该遗嘱出具了(2000)沪纳证字第148号公证书。5月17日,该公证处作出关于部分撤销该公证书的决定,撤销公证书中"抚恤金和住房补贴金、公积金中属于蒋伦芳的部分",维持其余部分内容。2001年4月22日,遗赠人黄永彬去世。在黄永彬的遗体火化前,张学英偕同律师上前阻拦,宣布黄永彬遗嘱。蒋伦芳和亲属们十分震惊,气愤之余双方发生了争吵。当日下午,张学英以蒋伦芳侵害其财产权诉至法院。

(本案例摘自《人民法院报》,《第三者状告合法妻——该案遗赠行为是否有效》,作者:左杰鸿)

【案例解析】

黄永彬与张学英在有非法同居关系下订立的遗嘱,是一种破坏社会风气的违法行为。虽然该遗嘱是遗赠人黄永彬的真实意思表示且形式上合法,但在实质赠与财产的内容上存在违法之处:按国家有关规定,抚恤金是死者单位对死者直系亲属的抚慰,不是黄永彬个人的财产,不属遗赠范围;黄永彬在立遗嘱时,未经蒋伦芳同意,对夫妻共同财产进行处理,侵犯了蒋伦芳的合法权益;黄永彬在遗嘱中,对所赠房屋(或房款)的处理显然违背了客观事实。公证是对法律事实的真实性和合法性给予认可,而纳溪区公证处在未查明真实情况下,仅凭遗赠人的陈述,便对其遗嘱进行了公证,违反了"公证机构对不真实、不合法的行为、事实和文书,应作出拒绝公证的决定"之规定,属公证不当。"关于部分撤销公证书的决定"实质上变更了遗赠人黄永彬的真实意思,作为公证机关直接变更遗嘱人的真实意思没有法律依据。据此,审判长以驳回第三者的诉讼请求,作出一审判决,驳回张学英的诉讼请求。

4.受遗赠人能否不接受遗赠?

遗赠人是否决定把自己的财产遗赠给别人,遗赠给谁,遗赠多少,都是遗赠人的自由。同样,受遗赠人是否接受遗赠也是受遗赠人的自由,受遗赠人完全可以不接受遗赠。但需要注意的是,法律规定,受遗赠人如果决定接受遗赠,就必须在法定时间内,即两个月内明确向遗嘱执行人或者继承人表示接受遗赠,索要遗赠的财产,否则,就被认为不接受遗赠。换句话说,如果受遗赠人在知道自己受遗赠的两个月内没有明确表示接受遗赠,就被认为放弃了遗赠。当然,受遗赠人也可以在知道自己受遗赠的两个月内明确表示不接受遗赠。

【案例】

1991年,王某从台湾回到家乡立下遗嘱一份,表示"除了房产和公司归其妻子和儿子外,其拥有的现金100万元归其堂兄之子张甲所有"。王某于2003年7月9日去世。次日,遗嘱执行人通知其堂兄之子张甲,然而直至2003年9月10日张甲仍未作出是否接收或放弃的表示。于是,视其为放弃受遗赠。

【案例解析】

遗赠人有权决定遗赠对象以及遗赠内容,同样受遗赠人也有权决定是否接受遗赠。本案中,张甲在知道自己受遗赠的两个月内并没有明确表示要接受遗赠,所以被认为放弃了遗赠。

5.遗赠如何执行?

遗赠的执行就是把遗嘱中遗赠的部分付诸实践。遗赠是由遗嘱执行人执行的,遗嘱执行人通过执行遗赠,从而使遗产从遗赠人那里转移到了受遗赠人手中。

执行遗赠时,只能把遗产中指定遗赠的那部分交给受遗赠人。如果遗赠人死亡时还欠有一些税款没有缴纳,或者还有一些债务没有还清,则要先清偿税款和债务,剩余的遗产才可以按照遗嘱中所确定的遗赠原则和方法转移给受遗赠人。遗赠的标的物是特定物时,如一

继承法与农民生活

辆汽车,或者是遗赠人祖传的手镯时,就要把这个特定物交给受遗赠人。如果这个特定物灭失了,比如说汽车出车祸暴废了,遗赠人祖传的手镯丢失了,没办法执行了,这个遗赠就没有效力了。

【案例】

一位72岁的老人原是某单位技术干部,老伴去世几年了,他有一对子女,子女大学毕业后都在外地工作。他的日常生活都由他的侄女照顾,后子女相继调回北京工作,各自成家单过,但也很少来家看看他。他过70岁生日时,儿子、女儿都以各种借口不来,这令老人很伤心。但老人的侄女一家却一直在悉心照顾他。一次老人生病住院,病情严重。他的侄女多次找他的子女做工作,叫他们来看看老人。但他们怕花钱,说什么我们没钱给父亲看病,他在医院住,有大夫管。并对老人的侄女说:"你对他照顾很好,我们放心。"老人心想,多年来自己辛辛苦苦把子女养大成人,供养他们上了大学,帮助他们成了家,但在他有病时,子女都不管他,使他伤透了心。相反,这么多年来,都是他侄女照顾关心他的日常生活,有病住院时都是她一家人忙里忙外,送衣送饭,关怀备至。有时还要给他垫钱,没有一丝怨言,还经常劝慰老人说他儿女不来看他是因为他们太忙了,以此来安慰他。老人认为侄女对他尽到做儿女的孝心,已替儿子女儿尽到了赡养义务。他决定把自己的积蓄10万元赠给侄女,并立下遗嘱,如果他百年之后,将他现住的一套楼房和所有的财产都赠与侄女所有。在老人去世后,侄女找到老人的儿子要求执行遗赠,儿子认为他父亲的财产理应归他,拒不执行。侄女一纸诉状就老人的儿子告到法院。

(本案例摘自中国婚姻家庭法律网,《老人的遗赠有效吗?》)

【案例解析】

本案中,遗赠执行比较直观,老人直接立下遗嘱,百年之后,将他现住的一套楼房和他所有的财产都赠与他侄女所有。老人辞世后,遗赠标的物都现实存在着,法院判决遗赠合法有效并依遗嘱将财产分到侄女名下。倘若老人死亡时还欠有税款没有缴纳,或者还有债务没有还清,这种情况下则必须要先清偿税款和债务,剩余的遗产才可以按照遗嘱中所确定的遗赠原则和方法转移给受遗赠人。

6.什么是附义务的遗赠？

附义务的遗赠是指有些遗嘱人在立遗嘱时，指定受遗赠人在接受遗赠的同时担负一定的义务。继承法第二十一条规定："遗嘱继承或者遗赠附有义务的,继承人或者受遗赠人应当履行义务。没有正当理由不履行义务的,经有关单位或者个人请求,人民法院可以取消他接受遗产的权利。"《最高人民法院关于贯彻执行〈中华人民共和国继承法〉若干问题的意见》第四十三条规定："附义务的遗嘱继承或遗赠,如义务能够履行,而继承人、受遗赠人无正当理由不履行,经受益人或其他继承人请求，人民法院可以取消他接受附义务那部分遗产的权利，由提出请求的继承人或受益人负责按遗嘱人的意愿履行义务,接受遗产。"

所以,对于附义务的遗赠,受遗赠人在义务能够履行的情况下必须履行,没有正当理由却不履行附加的义务,就可能丧失接受遗赠的权利,当然丧失的前提是有关单位或者受益人或者其他继承人向法院提出了请求。人民法院取消他接受附义务的遗赠的权利之后,提出请求的继承人或受益人可以按照遗嘱人的意思履行所附的义务,同时接受受遗赠人在遗赠中所接受的遗产。遗赠人在遗赠中所附的义务不得违反法律和社会公共利益,而且不能超过受遗赠人通过接受遗赠所得到的利益,也就是说,遗赠所附的义务必须是受遗赠人通过接受遗赠得到的财产就能负担的,不能再额外的让受遗赠人自己花费。

【案例】

2005年,方老伯80岁,老伴76岁。为了解决两位老人的养老,他们的3个子女和方老伯的远方侄女方娜开了一次家庭会议。方娜和方老伯住在同一条街道。在远方侄女方娜表示愿意照顾方老伯老两口的情况下,协议决定由方老伯将10万元存款赠与方娜,每月方老伯再补贴她1000元。2004年6月,方娜的儿媳妇即将临产,她又被查出罹患癌症,她无力全心照顾老人,因此也不再收取方老伯的补贴。半年后,两位老人住进了敬老院。后因费用问题与方娜产生纠纷。去年4月,他们起诉方娜要求返还当初赠与的10万元。

【案例解析】

本案中所涉及的是附义务的遗赠,受遗赠人在义务能够履行的情况下必须履行,否则就可能丧失接受遗赠的权利,当然丧失的前提是有关单位或者受益人或者其他继承人向法院提出了请求。本案中,老人向法院提出请求,法院认为方老伯的远房侄女方娜由于患病等客观原因导致无法再照顾老人,使得老人赠与时附带的条件无法实现,因此判决撤销了这一赠与,但考虑到方娜已经有所付出,因此判决方娜向两位老人返还9.8万元。

7.遗赠与遗嘱继承是不是一回事?

遗赠和遗嘱继承虽然有些类似,但还是有很多不同的地方。它们之间的区别有:

(1)接受遗产的人不同。受遗赠人必须是法定继承人范围以外的人,或者是国家和其他的社会组织;而遗嘱继承人必须是法定继承人范围之内的人。

(2)遗产的范围不同。被继承人有所欠的税款和其他债务时,清偿完税款与其他债务之后才能执行遗赠,因此受遗赠人不承担被继承人的债务;而继承人不仅继承遗产,还要在继承的遗产范围内偿还被继承人所欠的税款和债务。

(3)受遗赠人和遗嘱继承人接受遗产的方式不同。受遗赠人想接受遗赠的,就必须在法定期间(即知道自己受遗赠的两个月内)明确表示接受遗赠,否则,会被认为放弃接受遗赠;而遗嘱继承人如果不想继承遗产的,就必须在继承开始后、遗产分割前明确地表示放弃继承,否则,会被认为接受了继承。

(4)有无候补人选。遗赠中不能指定候补的遗赠人;而遗嘱继承中,立遗嘱人可以在遗嘱中指定候补的继承人。

【案例1】
　　赵先生和葛女士夫妇俩在闵行区梅陇镇买了一套房屋，该房屋登记在葛女士名下。进入晚年，夫妇俩膝下无子女，赵先生的侄子小赵和葛女士的侄子小葛共同照顾夫妇二人的生活。2002年2月21日，小赵和小葛陪赵先生夫妇去公证处办理遗嘱公证。赵先生立遗嘱将该共有房屋中属于他的产权份额在他过世后由小赵继承，葛女士立遗嘱将属于自己的产权份额在她过世后由小葛继承。后来，赵先生病故。小赵、小葛和葛女士协议约定："赵先生、葛女士产权证复印一份给小赵带回家。葛女士百年后，产权证由双方侄子共同处理，已公证，各一半。"

　　2003年11月3日，小葛从葛女士手中以15万元买下梅陇的房屋，并办理了产权过户手续。没多久，葛女士病故。小赵发现系争房屋产权已登记在小葛一人名下，气愤难平。小赵认为，小葛和葛女士明知该套房屋的一半产权归他所有，而相互串通，故意通过买卖方式将房屋过户，这种行为已严重侵犯了自己的利益，故请求法院确认小葛与葛女士之间签订的买卖房屋合同无效，并按照公证遗嘱分割该房屋。

　　小葛辩称，坚决不同意小赵的诉讼请求。其与葛女士之间的房屋买卖合同是有效的，因为小赵并非赵先生的法定继承人，如小赵接受遗赠应当作出明确表示。因小赵未做出接受遗赠的表示，故对该房屋没有权利，且小赵也在经过5年后才提起诉讼，已超过了诉讼时效。

　　（本案例摘自中国法院网，《夫妇各立遗嘱赠房两侄子 一侄欲"单飞"被判无效》，作者：殷超）

【案例解析】
　　本案中，小赵、小葛在赵先生去世后与葛女士共同约定，"葛女士百年后，产权证由双方侄子共同处理，已公证，各一半"，应当推定原告小赵已接受赵先生的遗赠。因此，在赵先生去世后，原告小赵享有该系争房屋一半产权。而葛女士将房屋卖给小葛时已经处分了属于赵先生遗产的那部分，所以法院判决小葛与葛女士签订的房屋买卖合同中所涉及赵先生遗产的部分无效,该房屋产权归小葛所有,小葛给付小赵部分折价款16万元。

【案例2】

李江与李梅系两兄妹,其父母于1970年离婚。1986年,李梅出资将母亲丙居住的一套商品房进行翻修,并与丙约定,将来房屋归李梅所有,李江表示放弃房产权利。1990年6月,丙在当地律师事务所两个见证人在场的情况下,请律师代书遗嘱一份,在遗嘱中写明去世后,自己所有的一套房屋归表妹丁所有。同年9月,丙去世,代书遗嘱人向李江、李梅宣读遗嘱,李梅认为丁并非法定继承人,无权继承房产,并将其告上法庭。

【案例解析】

遗嘱与遗赠继承不是一回事。遗赠对象是法定继承人以外的人,可以是国家,也可以是其他组织;而遗嘱继承必须是法定继承人范围之内的人。法院经审理认为,此纠纷实为遗赠纠纷,当事人丁为受遗赠人,并由此判决房屋应由丁继承。

8.继承人或者受遗赠人在继承开始后、遗产分割前死亡的怎么办?

对于继承人或者受遗赠人在继承开始后、遗产分割前死亡的,法律有明确规定。继承法意见第五十二条规定:"继承开始后,继承人没有表示放弃继承,并于遗产分割前死亡的,其继承遗产的权利转移给他的合法继承人。"第五十三条规定:"继承开始后,受遗赠人表示接受遗赠,并于遗产分割前死亡的,其接受遗赠的权利转移给他的继承人。"也就是说,继承人或者受遗赠人在继承开始后、遗产分割前死亡的,如果他们表示要接受继承和遗赠,其继承遗产和接受遗赠的权利由他的合法继承人享有;如果他们都明确表示要放弃继承和遗赠,则他们的继承人不再享有继承遗产和接受遗赠的权利。

【案例】

赵某早年丧妻,有一子一女。其子女早已成家,轮流照顾赵某。赵某立有遗嘱,死后瓦房2间归赵子,其他财产都归赵女。赵某死后,村长主持遗嘱的执行。赵子得知父亲死讯后,从外地赶回,中途遇山体滑坡,不幸身亡。赵子有一子。赵女认为赵子已故,她有权继承父亲的全部的财产,赵某之孙不同意,诉至法院。

【案例解析】

本案中,赵某已立"瓦房2间归赵子,其他财产都归赵女"的遗嘱,而赵子在赶回的途中死亡。由于赵子在继承开始后,并没有表示放弃继承,根据继承法意见第五十二条规定,继承开始后,继承人没有表示放弃继承,并于遗产分割前死亡的,其继承遗产的权利转移给他的合法继承人。所以法院判决,赵子继承遗产的权利转移给了他的合法继承人,即赵某之孙和赵子之妻。赵女要求继承全部遗产没有法律依据,不予支持。

第五章 遗赠扶养协议

1.什么是遗赠扶养协议?

遗赠扶养协议是指遗赠人与扶养人所签订的关于遗赠和扶养关系的协议。按照这个协议,遗赠人要将自己全部或者部分的财产在他死亡后转移给扶养人所有,而扶养人要承担对遗赠人生养死葬的义务。也就是说,遗赠扶养协议中规定的遗赠人的财产在遗赠人死后就归扶养人所有,而扶养人在遗赠人活着的时候要扶养遗赠人,在遗赠人死后要为其办理丧葬之事。

我国继承法第三十一条规定:"公民可以与扶养人签订遗赠扶养协议。按照协议,扶养人承担该公民生养死葬的义务,享有受遗赠的权利。公民可以与集体所有制组织签订遗赠扶养协议。按照协议,集体所有制组织承担该公民生养死葬的义务,享有受遗赠的权利。"

【案例】

9月26日,江西省遂川县人民法院依法对一起遗赠纠纷案进行宣判,一审判决被告文新于判决生效后10日内将邱周、唐莲的责任山、自留山、责任田的经营、管理、收益权归还给原告众田村民小组。

邱周、唐莲夫妇原系遂川县小夏村众田组村民。1994年8月14日,他们邀集当时的村支书、村主任、文书、众田组小组长和部分村民,以及已外嫁的养女邱娥,一起与唐莲前夫之孙文新协商达成一份协议,约定邱周、唐莲死后其家产归文新所有,安葬等后事由文新负责,邱周、唐莲的责任山、责任田和自留山自邱周、唐莲死亡之日起由文新经营收益2年后,归还众田村民小组。文新在协议书上签了名,养女邱娥对协议无异议,表示不继承养父母财产,也在协议书上签字认可,村干部、在场村民也均签署了姓名,同时加盖了小夏村民委员会公章。邱周、唐莲因不会写字所以没有签名。2002年、2003年,邱周、唐莲相继去世,文新按协议负责料理了后事,继承了邱周、唐莲的家产,对其责任山、责任田等也进行了经营管理和收益。2005年起,众田村民小组多次要求文新归还邱周、唐莲的责任山、责任田等,文新以代位继承为由拒绝。另查明,文新之父已死亡,其生前及文新本人未与邱周、唐莲共同生活过,未形成继子女、继孙子女关系。

(本案例摘自中国法院网,《没有财产继承权,责任山田判返还》,作者:肖是桂)

【案例解析】

本案中,被告文新及其父亲生前未与邱周、唐莲共同生活过,没有形成继子女或继孙子女关系,对他们的财产没有继承权,文新也没有代位继承的权利。邱娥系邱周、唐莲养女,是法定继承人,其表示放弃对养父母财产的继承权,符合法律规定。邱周、唐莲夫妇为安度晚年生活,与被告文新签订的协议属遗赠扶养协议,虽没有邱周、唐莲本人签名,但有在场证人和村组织签名盖章予以证实,内容真实合法,权利义务关系明确,属有效协议,双方应按协议享有权利,履行义务。被告文新对邱周、唐莲的责任山、责任田、自留山经营管理已满2年,应按约归还原告众田村民小组。

2.遗赠扶养协议有哪些特点?

遗赠扶养协议的特点主要有:

(1)遗赠扶养协议是双务的,是有偿的。双务的是指遗赠扶养协议一旦签订,协议双方就都要遵守,遗赠方和扶养方都要承担相应的义务。遗赠人享有请求扶养人扶养和接受扶养人扶养的权利,承担妥善保管遗赠遗产并在死后将其转移给扶养人的义务。扶养人享有在遗赠人死后取得遗赠财产的权利,承担扶养照顾遗赠人并在遗赠人死后安葬的义务。有偿的是指扶养人在承担了对遗赠人生养病死的义务后,可以获得遗赠人的全部或部分财产。

(2)遗赠扶养协议既有生前的效力,又有死后的效力。对扶养人来说，要在遗赠人生前尽扶养义务，这是遗赠扶养协议在生前的效力；对遗赠人来说，其死亡后要将财产赠与扶养人，这是遗赠扶养协议死后的效力。

(3)对于遗赠扶养协议的双方来说，签订协议的遗赠人只能是自然人，而扶养人既可以是自然人，也可以是集体组织。

(4)遗赠扶养协议的效力优先于遗嘱继承和法定继承。按照继承法第五条的规定，继承开始之后要先执行遗赠扶养协议，然后才能按照遗嘱继承处理遗产，最后才能进行法定继承。

还有一点应该注意，遗赠人在有子女的情况下也可以和别人签订遗赠扶养协议，即便遗赠人和别人签订了遗赠扶养协议，也不影响遗赠人的子女继续赡养遗赠人。扶养人也要继续赡养自己的父母。

【案例】

1965年2月，赵老太在离异多年后，带着儿子刘青静与同样是离异后带着两个女儿的高先生结婚，组成了一个新的大家庭，双方没有再生育子女。朱维林系赵老太的侄子，与刘青静系表兄弟关系。高先生于1994年6月死亡。赵老太也年老体迈，身患多种慢性病。儿子刘青静患有癫痫病，时常会发作，早在1985年便与妻子离了婚，母子俩相依为命。2004年7月，年逾八旬的赵老太将远在江苏的侄子朱维林叫到上海来照顾自己及儿子的生活。2004年10月，由朱维林执笔，赵老太口述，出具遗嘱一份，其中写明："我叫赵老太，有五十多岁的儿子刘青静，身患四十多年的癫痫病，需要人照顾。我本人已有八十多岁，多年患病，也需要照顾。经我和儿子多次商量，由我娘家侄子朱维林照顾我一辈子，以后还要照顾患癫痫病的儿子一辈子。这套39多平方的住房由我娘家小侄儿、我儿子的表弟朱维林继承。特留遗言。因我不识字，有三颗手印为证。"朱维林的妻子随后写明："假如以后照顾阿哥不好就无效。"遗嘱尾部附赵老太手印三枚，并有刘青静本人签名。2005年7月，赵老太因病去世，刘青静也于2007年5月死亡。朱维林认为赵老太和刘青静签署的遗嘱性质实为遗赠扶养协议，据此要求继承两位留下的房产。可赵老太再婚时，丈夫带来的两个继女不答应。无奈,朱维林便向法院提起诉讼,将赵老太的两个继女告上了法庭,要求继承坐落于长宁区新华地区的房屋产权。

(本案例摘自中国法院网,《将儿子房产遗赠他人 母亲"遗嘱"无法律效力》,作者:梁志明)

【案例解析】

本案中,赵老太的遗嘱其实是她和朱维林间的遗赠抚养协议,朱维林有权继承赵老太遗产,然而两人所居住的房屋产权系刘青静所有,赵老太无权代替刘青静对上述房屋进行处分,刘青静虽然在该遗嘱上签名,但其未以自己的名义做出遗赠的意思表示,而且其是否以遗赠人的身份签名也无法确定,故不能就此认定刘青静为遗赠人。此外,原告未与刘青静签订过遗赠扶养协议。由于法定依据不足,法院驳回原告朱维林继承房屋的请求。

3.遗赠扶养协议能不能解除?

遗赠扶养协议可以解除,解除的方式有两种:

(1)遗赠扶养协议的双方都不想继续该协议了。不论是出于什么原因,如果双方确认都不想再继续执行遗赠扶养协议,就可以解除协议。对于以前执行协议时扶养人为了扶养遗赠人已经花费的钱和劳动,可以协商由遗赠人予以补偿。

(2)遗赠扶养协议的双方中有一方没有遵守协议规定,未尽义务,这时候另一方可以单独解除协议。如扶养人在没有正当理由的情况下,不按照协议的约定扶养遗赠人,甚至以非法手段强行占有遗赠人的财产,遗赠人可以解除遗赠扶养协议,而且不用补偿扶养人曾经扶养他的花费。遗赠人的亲戚朋友和有关单位也可以向人民法院提出请求,剥夺扶养人的受遗赠权,或者限制扶养人得到遗赠财产的数额。如果是遗赠人不遵守约定,不尽义务,没有保管好遗赠的财产,甚至出卖、交换或者赠送了遗赠的财产,扶养人就可以解除协议,还可以要求遗赠人偿还为了扶养遗赠人已经支出的费用。

【案例】

王某年逾80,且半身不遂,需人照顾,五年前在保姆市场选定40岁的张某作为自己的保姆。五年来,王某觉得张某照顾自己细心又积极,使得晚年生活很安逸。两年前保姆提出与王某结婚,并说服他将一套一居室的住房卖掉,共计30多万,张某分别以各种理由共要走了5万,并且每月保姆费800元还要照付。2008年初,张某提出愿为其养老送终,并说服他订立遗赠扶养协议,内容为:张某负责王某的日常生活,照顾他直至故去,并养老送终。如尽到扶养义务,王某故去后,自愿将全部财产遗留给张某个人所有。两人签订遗赠扶养协议后,还前去北京市第二公证处进行了公证。可协议公证后不久,王某发现张某判若两人,不再尽心照顾,来去不定。王某无人照顾,住进了养老院,多次与张某理论都没有结果,无奈之下,王某以张某未尽扶养义务为由申请法院撤销此遗赠扶养协议。

(本案例摘自中国法院网,《老翁与保姆黄昏恋 订立抚养协议后独自住养老院》,作者:尹雯)

【案例解析】

遗赠扶养协议可以解除。若双方都不想继续该协议了,双方可以解除协议。若其中的一方没有遵守协议的规定,未尽义务,这时另一方可以单方解除协议。本案中,被告并没有尽扶养义务,所以法院经原告请求判决撤销此遗赠抚养协议。

4.遗赠扶养协议能不能代书?

遗赠扶养协议虽然不同于遗嘱,但是也可以让别人代替书写。我国广大农村地区需要签订遗赠扶养协议的大多都是孤寡老人。他们或不会写字或身体状况不好写不了字,可以请他人代为书写,当然最好请懂得法律知识的人,如律师、法院工作者等代写,因为他们可以更好地维护当事人的利益。代书的遗赠扶养协议必须由协议双方签字盖章或者摁手印才能生效,否则无效。

遗赠扶养协议

【案例】

刘老太生前和养子共同购买了一处套间,各有一半产权。几年来因琐事,老人与养子关系紧张,而刘老太的侄女对老人很好。2003年11月24日,刘老太与侄女签订一份遗赠扶养协议,约定刘老太将该处房屋属于自己的部分遗赠给侄女,侄女对刘老太尽到生养死葬的义务。协议签订后,侄女一直尽心尽力照顾老人,在刘老太有病及病重期间还支付了医药费。2004年12月18日,刘老太去世,侄女一手操办了后事。

刘老太的侄女觉得自己尽到了赡养义务,要求按遗赠扶养协议继承属于老人的那一半房产。但刘老太的养子拒绝承认该协议。养子认为,该协议是打印的,属于代书性质,老人的签名很可能是假的;退一步说,即便是老人所签,也存在被逼迫哄骗的可能。因此,该协议应属无效。而刘老太的侄女称,老人与养子关系不好,曾在2004年起诉要解除收养关系,只不过直到去世官司还没判下来。要是解除了收养关系,养子根本就没有继承权,也不会有这场纠纷。

(本案例摘自中国法院网,《遗赠协议存瑕疵 10万遗产打水漂》,作者:周贤忠)

【案例解析】

立遗嘱要符合法律规定,代书的遗赠扶养协议必须要由协议双方签字盖章或摁手印才能生效,否则是无效的。本案中,经过笔迹鉴定,"遗赠扶养协议"上的"刘某某"签字不能认定是刘老太本人所写,因此该遗赠扶养协议不能认定为遗赠人刘老太所留,尽管刘老太的侄女觉得自己尽到了赡养义务,但是代书的遗赠扶养协议上的瑕疵导致失去继承的机会,争议房屋最终归刘老太唯一的继承人——养子所有。

5. 遗赠扶养协议和遗嘱是不是一回事?

遗赠扶养协议不是遗嘱,它们之间是有区别的,表现在:

(1)被继承人立遗嘱时只需按照自己的意愿,不需要征得任何人的同意。而遗赠扶养协议是一个简单的合同,协议中所有内容都是两人共同商量决定的。

(2)遗赠扶养协议对于财产的继承而言,只能发生遗赠,即遗赠人死亡后,将财产遗赠给扶养人。而遗嘱既可能发生遗赠,也可能发生遗嘱继承。如果遗嘱人把财产全部留给了法定继承人,就只能发生遗嘱继承。如果遗嘱人把财产全部送给了法定继承人以外的人、集体组织、社会、国家,就只能发生遗赠;如果遗嘱人把一部分财产留给了法定继承人,把一部分财产留给了法定继承人以外的人、组织、社会、国家,就会既发生遗嘱继承,又发生遗赠。

(3)遗嘱继承是在被继承人死亡后开始,即便是附义务的遗嘱,也是在被继承人死亡后,继承人才开始履行义务。而遗赠扶养协议中,扶养人在签订了遗赠扶养协议后,遗赠人还活着的时候就开始履行义务。

(4)遗嘱继承中,继承人大多时候只是继承遗产,并没有因为继承遗产而需要履行的义务(除了附义务的遗嘱需要继承人在继承遗产的同时履行义务),而遗赠扶养协议中扶养人要得到遗赠的财产,就必须履行照顾和安葬遗赠人的义务。

(5)遗赠扶养协议的效力高于遗嘱继承。继承开始后,有遗赠扶养协议的,要先执行遗赠扶养协议,执行完遗赠扶养协议后剩余的财产,才按遗嘱继承。没有遗赠扶养协议的,直接按遗嘱继承。如果遗嘱和遗赠扶养协议中涉及到了同一份财产,要按遗赠扶养协议办理。

【案例】

何某与丁某婚后生有一女何小某,何某自书遗嘱将其所有财产死后交给其妻丁某所有。何某死后,丁某体弱多病,何小某对其悉心照顾,尽到了赡养义务。丁某立下遗嘱,言明其死后所有财产归何小某继承。丁某在遗嘱上签字后,交给何小某保存。而后何小某外出工作未归。丁某靠侄子丁甲照顾,于是,丁某与侄子丁甲签订了遗赠扶养协议,由丁甲负责丁某的生活费用及死后的丧葬费用,丁某死后的所有财产归丁甲所有。丁某病故后,丁甲与何小某发生争执。

【案例解析】

本案中,何小某的继承属于遗嘱继承,而丁甲的继承属于遗赠扶养协议。法院认为,被继承人生前与他人订有遗赠扶养协议,同时又立有遗嘱的,继承开始后,若遗赠扶养协议与遗嘱没有抵触,遗产分别按遗赠和遗嘱继承,若有抵触,则按遗赠扶养协议处理,与遗赠扶养协议相抵触的遗嘱全部或部分无效。所以房产归丁甲继承。

6. 遗赠扶养协议和遗赠是不是一回事?

遗赠扶养协议和遗赠不是一回事,它们的区别有:

(1)遗赠扶养协议需要双方商量,共同决定、共同签订,变更或者解除时也要双方商定,即便是履行协议,也有双方各自的权利和义务。而遗赠只需要遗赠人自己愿意就可以了,遗赠人不但可以自己订立遗嘱,还可以随时变更和撤销遗赠。

(2)遗赠扶养协议中,扶养人要接受遗赠,必须要照顾遗赠人活着时的生活,负责遗赠人死后的安葬。而遗赠是无偿让与的,受遗赠人只需要接受遗赠,不需承担任何义务。

(3)遗赠扶养协议从成立时起就发生效力,扶养人就要履行照顾遗赠人生活的义务。而遗赠在设立时不生效,只有在遗赠人死亡后才发生效力。

(4)遗赠扶养协议的效力高于遗赠。继承开始后,有遗赠扶养协议的,先执行遗赠扶养协议,剩余的财产,才按遗赠处理。

【案例】

2003年5月,王某自书遗嘱一份,表示"将收藏的字画赠与好友李某"。2003年6月,王某重病,住院期间,儿女未曾来看望过他,只有小护士张某悉心照顾,于是王某与张某签订了遗赠扶养协议,约定由张某负责其生养死葬,王某的房产以及30幅字画归张某所有。2004年2月,王某逝世。张某与李某就字画所有权起了争执。

【案例解析】

本案中,李某是王某遗赠的受遗赠人,张某是王某的遗赠扶养协议的受遗赠人。遗赠扶养协议的效力高于遗赠。继承开始后,有遗赠扶养协议的,先按遗赠扶养协议办理,剩余的按遗赠处理。最后法院判决,30幅字画归张某,其余字画归李某所有。

7.法定继承、遗嘱继承、遗赠、遗赠抚养协议哪种法律效力最高?

我国继承法第五条明确规定:"继承开始后,按照法定继承办理;有遗嘱的,按照遗嘱继承或者遗赠办理;有遗赠扶养协议的,按照协议办理。"由此可见,法定继承、遗嘱继承、遗赠、遗赠扶养协议中,遗赠扶养协议的效力最高;其次是遗嘱继承和遗赠,二者效力相当;最后是法定继承,其效力最低。换句话说,继承开始后,有遗赠扶养协议的,就要先按照遗赠扶养协议办理;没有遗赠扶养协议或者执行完遗赠扶养协议后还有剩余的遗产,按遗嘱继承或遗赠办理;没有遗嘱的或者执行完遗嘱和遗赠还有剩余的财产,才按照法定继承办理。

【案例1】

付某死后遗留4000元钱和其他日常生活用品。付某有两个儿子,两个女儿,只有小女儿还在大学读书。儿女们经过协商平均分割遗产。在外地念书的小女儿得知此事后,返回家中,提出父亲生前留有书面遗嘱,并经过公证机关公证过,主张应得遗产钱款4000元。哥哥、姐姐均认为做父亲的偏心,不公平,应当按照平均份额分割遗产,于是诉至法院。

(摘自中国法律网案例库《法定继承谁先谁后》)

【案例解析】

继承法第五条规定:"继承开始后,按照法定继承办理;有遗嘱的,按照遗嘱继承或者遗赠办理;有遗赠扶养协议的,按照协议办理。"根据本规定,继承开始后如果立有遗嘱的,应先按着遗嘱继承,遗嘱继承优先于法定继承。本案例中,付某生前立下遗嘱,把自己的4000元存款留给小女儿,这是符合法律规定的,应当按照遗嘱先继承,付某的小女儿应得到4000元的遗产。对于付某遗留的其他家庭用品,由两个儿子和两个女儿按份平等继承。付某的小女儿按照遗嘱继承 4000 元遗产后,仍然有权按法定继承继承其他遗产。

【案例 2】

张某于 1998 年 8 月自书遗嘱一份,表示"死后房产以及现金 100 万由其妻王某与其子张甲继承,其收藏的 10 幅字画赠与好友李某。"遗嘱中并未涉及女儿张乙的继承权。2001 年 2 月,张某因身体不适住院治疗,住院期间其妻子与子女并未频繁看望,只有护士朱某悉心照顾,张某心生凉意,于是与朱某签订遗赠扶养协议,由朱某负责其生养病死,房产归朱某所有。2003 年 5 月,张某逝世。在清理其财产过程中,发现其还有 60 万元股票。王某、张甲与朱某、李某因遗产发生争执,诉至法院。

【案例解析】

继承开始后,按照法定继承办理;有遗嘱的,按照遗嘱继承或者遗赠办理;有遗赠扶养协议的,按照协议办理。所以本案中,法院先按遗赠扶养协议处理,房产归朱某;再按遗嘱处理,王某和张甲得现金 100 万元,10 幅字号归李某;最后按法定继承的方式处理,60 万元股票由王某、张甲、张乙共同继承。法院判决,遗嘱以及遗赠抚养协议都真实有效,但若两者抵触,则先按遗赠抚养协议处理,于是房产归朱某,王某与张甲得现金 100 万元,10 幅字画按遗赠给李某,最后的 60 万元股票则按法定继承方式由王某、张甲及张乙继承。

第六章 遗产及遗产的处理

1.什么是遗产?

遗产是指被继承人死亡时所留下的个人合法财产。我国继承法第三条规定:"遗产是公民死亡时遗留下的个人合法财产。"由此可知,符合以下特点的财物才是公民的遗产:

(1)遗产是死亡的人的个人财产。别人的财产不是他的遗产,只有自己的财产才能成为自己的遗产。比如某人死亡时家人发现他手臂上带着一块从别人那儿借来的手表,这块手表虽然在他的手臂上带着,但却是别人的财产,所以不是他的遗产,不能继承。

(2)遗产是死亡的人留下的个人合法财产,遗产具有合法性,非法的财产不能成为遗产。比如某人死亡时留有贪污而来的100万元,这100万元不是他的个人合法财产,所以不是他的遗产,不能继承。

(3)遗产是死亡的人在死亡时留下的财产,在他活着的时候不能叫遗产,只能叫做他的财产,只有从死亡时起才被称为遗产。比如某人一辈子只有一所房子,他一直住在这所房子里,那么这所房子在他活着的时候只能叫做他的财产,只有在他死了之后,才叫做他的遗产。

(4)遗产必须是死亡的人留下的依法可转移的财产,也就是说财产要具有可转移性,不能转移给他人的财产不是遗产。如某人活着的时候是某单位的顶尖技术人员,单位为了留住他,让他免费住在单位的一所别墅里,并且给他配备了专车,这种待遇是和他本人对单位的贡献相关的,和他的继承人没有关系,所以不是遗产,不能继承。

【案例】

公民甲,未婚,因工死亡,单位给其亲属的抚恤金3万元,其留下生活用品若干,股票2万元,商品房1套,弟弟寄存在他家的清代陶瓷品一件。请问这些物品里哪些是遗产?

【案例解析】

根据我国继承法的规定,遗产包括:(1)公民的合法收入;(2)公民的房屋、储蓄和生活用品;(3)公民的林木、牲畜和家禽;(4)公民的文物、图书;(5)法律允许公民所有的生产资料;(6)公民的著作权、专利权中的财产权利;(7)公民的其他合法财产。本案中,生活用品若干,股票2万元,商品房1套是遗产。抚恤金是被继承人死亡后,其亲属应得的,不属于遗产。寄存在他家的清代陶瓷品是他弟弟的财产,不能算作是遗产。

2.哪些财产不能作为遗产继承?

有些财产和权利是不能够作为遗产继承的,主要包括:(1)专属于被继承人本人的权利。如知识产权中的人身权,必须由本人亲自完成的劳务性的债权等。(2)承包经营权。继承法第四条规定:"个人承包应得的个人收益,依照本法规定继承。个人承包,依照法律允许由继承人继续承包的,按照承包合同办理。"按此规定,由于承包经营而获得的收益是遗产,可以继承,但承包经营权不是遗产,不能继承,而只能办理承包经营权的转移。(3)国有资源的使用权和宅基地使用权。如水流和自留地的使用权等。这些权利的取得需要经过特别的程序,公民死亡后,继承人要取得国有资源使用权和宅基地使用权的,应当重新申请,还要经过主管部门的审核批准。(4)人身保险合同中,投保人或被保险人已经指定受益人的,被保险人死亡时,保险金归受益人,不可作为遗产继承。

【案例】

严某原是启东市某学校离休干部,四个子女均已成家,丧偶后于2002年8月26日与沈女士登记结婚。不久,严某被查出患有前列腺癌,2003年12月5日,严某经抢救无效死亡,学校按照规定一次性发给其家属抚恤金1.57万元。分割此款时,严某子女与沈女士发生了争执,沈女士认为严某子女均有一定的收入,该抚恤金应由自己享有。严某子女认为继母已享有每月170元的遗属补助金,且继母与父亲结婚时间短,父亲生病期间他们都尽了赡养义务,该抚恤金继母应与他们平分,经学校三次调解未果。于是沈女士诉至法院,时严某之子将该款从学校领走。

(本案例摘自中国法院网,《抚恤金并非遗产 继承人岂能平分》,作者:管成祥、袁辉)

【案例解析】

抚恤金是国家按规定发给死者家属的一种补偿费用,是对死者家属的抚慰和救济,并非死者的个人财产,不能作为遗产继承,也不能平分,因此法院当庭判决继子女返还继母沈某女士应得的抚恤金。

3.共有财产能不能作为被继承人的遗产?

遗产只能是死亡人的个人合法财产,但很多时候,死亡人和他人拥有共同的财产,这些共同财产是不能够作为被继承人的遗产。共有财产通常是基于一定的身份关系或者契约关系而产生的,包括夫妻共有财产、家庭共有财产、合伙共有财产等。不论是什么样的共有财产,都不是被继承人的遗产,只能先对共有财产进行分割,只有属于被继承人的那部分财产才是他的遗产。所以在继承开始后,清点遗产时要注意不能把共同财产全部作为被继承人的遗产,也不能把被继承人在共有财产中的那部分遗产漏掉。

4.如何确定夫妻共有财产和被继承人的遗产?

确定哪些是夫妻共有财产、哪些是属于被继承人的遗产时:

(1)先要清点有没有夫妻二人约定属于被继承人一方所有的财产。比如夫妻约定所住的5间房子中3间属于丈夫所有,另外2间属于妻子所有。如果有这样的约定,属于被继承人的那部分财产就不是共同财产,而是其个人财产,可以继承。

(2)还要确定是否有法律规定的属于被继承人一方的财产。我国婚姻法第十八条规定:"有下列情形之一的,为夫妻一方的财产:(一)一方的婚前财产;(二)一方因身体受到伤害获得的医疗费、残疾人生活补助费等费用;(三)遗嘱或赠与合同中确定只归夫或妻一方的财产;(四)一方专用的生活用品;(五)其他应当归一方的财产。"其中"一方的婚前财产"指的是结婚之前就属于一方所有的财产,以及一方为了结婚而添置的财产和结婚登记前亲友送的礼物等。如果双方已经登记结婚,但还没有摆喜酒,没有一起生活,这期间别人送给某一方或者双方的礼物或礼金应该是共同财产。"其他应当归一方的财产"主要是指夫妻一方因职业、工作和业余学习、兴趣、爱好等的专用财产(如某人业余喜欢拉二胡,他购买的二胡就属于个人财产,而非共同财产)、军人的伤亡保险金、伤残补助金、医药生活补助费等,一方具有人身性质的补助金、人身保险费、医疗费、伤残费、保健费等,以及一方在社会贡献中所得的荣誉奖品、奖章等。这财产是被继承人的个人遗产,可以继承。

(3)除了夫妻约定属于被继承人一方所有的财产、法律规定属于一方所有的财产之外,剩下的基本就是夫妻共同财产了。夫妻共同财产有夫妻约定共同所有的财产(如夫妻约定,婚后的所有财产和婚前的一部分财产都属于共同共有),还有法律规定由夫妻共同所有的财产。婚姻法第十七条规定:"夫妻在婚姻关系存续期间所得的下列财产,归夫妻共同所有:(一)工资、奖金;(二)生产、经营的收益;(三)知识产权的收益;(四)继承或赠与所得的财产,但本法第十八条第三项规定的除外;(五)其他应当归共同所有的财产。夫妻对共同所有的财产,有平等的处理权。""其他应当归共同所有的财产"主要指一方以个人财产投资取得的收益,任何一方实际取得的住房补贴、住房公积金,任何一方实际取得或者应当取得的养老保险金、破产安置补偿费。认定遗产时,应该先将夫妻共有财产一分为二,一半归被继承人的配偶所有,一半属于被继承人的遗产,由其继承人继承。

【案例】

水常宫和常某夫妇二人生育三个孩子,分别是水甲(女)、水乙

(女)和水丙。水甲、水乙长大后出嫁,水丙作为家中唯一的男孩,结婚后和父母居住在一起,关系融洽。1998年10月,常某去世,水甲、水乙和水丙均没有提出分割母亲的遗产。常某去世后,水常宫身体状况也日渐虚弱,于是在1999年3月间立下一份自书遗嘱,指明他和妻子常某的共同财产房屋两间、电视一台及其他财物,在自己死后均由儿子水丙继承。2000年4月,水常宫死亡,水甲、水乙找到水丙,要求分割父母的遗产。水丙拿出了父亲水常宫的遗嘱,拒绝了两个姐姐的要求。水甲、水乙向某人民法院提出诉讼,认为水常宫的遗嘱处分了夫妻双方的财产,要求继承遗产。

(本案例摘自婚姻财产继承专家陶毅网)

【案例解析】

遗嘱是立遗嘱人个人意愿的表示,因此遗嘱继承优先于法定继承。但是,遗嘱人只能处分自己的财产,而不能处分属于他人的财产。否则,该部分内容相应无效。此案中,水常宫将夫妻共有财产作为个人遗产处理的遗嘱不发生法律效力。故法院判决遗嘱中涉及常某遗产的部分无效,此部分遗产由水甲、水乙和水丙三人按照法定继承分割。

5.如何确定家庭共有财产和被继承人的遗产?

不同的家庭成员共同生活时,自然会有很多家庭共有财产,即家庭成员在共同生活期间创造和所得的财产,如共同投资经营的小作坊、共同种地养殖获得的收入、共同投资买股票赚的钱、共同修的房子,等等。家庭共有财产不能全部认定为被继承人的遗产,也不能把属于被继承人的财产漏掉。对于家庭共有财产,在被继承人死亡后,应该按照家庭成员之间的约定或者出资比例进行分割,把属于其他人的财产分出去,属于被继承人的那部分才是被继承人的遗产。

6.如何确定合伙财产中属于被继承人的财产?

合伙财产指的是合伙人出资形成的财产和合伙经营期间合伙的

收入。在被继承人死亡后,就应按照以前的约定或协议或出资比例,把被继承人以前的投资和应该分得的利润从合伙财产中分出来,作为被继承人的遗产,由其继承人继承。如果继承人愿意合伙,并且得到了其他合伙人的同意,也可以不分割合伙财产,而是直接确定继承人作为新的合伙人以及他所享有的合伙财产的份额。

7.宅基地、自留山、自留地是不是遗产?

我国法律规定,土地属于国家和集体所有,公民仅依法享有土地使用权。因此,宅基地、自留山、自留地不是被继承人的财产,自然也不是被继承人的遗产。

被继承人拥有在宅基地上建造的房屋的所有权,因此,宅基地上的房屋是被继承人的遗产。我国土地相关法律中都有"地随房走"的原则,因此,继承人在继承了被继承人的房屋之后,可以变更房屋所有权,可以继续使用宅基地,但没有宅基地的所有权,宅基地的所有权归国家或集体所有。

被继承人在自留山、自留地里所种的庄稼、林木等都是个人的财产,是被继承人的遗产,可以继承。自留山、自留地虽然不属于被继承人所有,但我国农村一般都是按照家庭人口、劳动能力,以户为单位分配自留山、自留地的,所以被继承人的家庭成员可以继续经营和使用,但不能继承。

【案例】

几年前,赵某的一房远亲钱某从外地搬到本村落户,想盖房但没有宅基地,正好赵某祖父遗留下来的宅地空闲着,就让钱某家建了房。最近,钱某搬到县城转为城镇户口,镇上决定把他家原住3间房的宅基地划给另一户村民孙某。赵某去找镇领导想要回这宅基地。镇领导说宅基地归集体所有,由集体管理。镇领导的说法有依据吗?

(本案例摘自天涯法律网,《祖父留下的宅基地当归谁》)

【案例解析】

虽然赵某家闲置的宅基地是其祖父遗留下来的,但是根据我国法律的规定,宅基地归集体所有,所以赵某的祖父并没有拥有该块宅基地的所有权。镇上将该块宅基地收回,并进行从新分配,合理合法。所以镇领导的说法是正确的。

8.承包经营权是不是遗产？个人承包应得的个人收益是不是遗产？

继承法第四条规定:"个人承包应得的个人收益,依照本法规定继承。个人承包,依照法律允许由继承人继续承包的,按照承包合同办理。"由此可知,如果被继承人是承包人,他在承包期间死亡的话,会产生两种情况:

（1）被继承人承包应得的个人收益是被继承人的遗产,可以继承。如果是被继承人死亡之前已经取得的承包收益,就是被继承人的个人财产,是遗产。如果被继承人死亡时还没有取得承包收益,继承人可以要求发包单位或者继续承包合同的人把被继承人生前对承包项目所投入的资金、付出的劳动、因其劳动所获得的增值、孳息等,合理折价予以补偿。补偿的价款是被继承人的遗产,可以继承。

（2）承包经营权不是遗产,不能继承,继承人愿意继续承包的,只能按照法律规定转移给继承人继续承包。我国土地承包是以家庭为单位的家庭承包制,如果继承人与被继承人是一个家庭,继承人可以继续经营管理,直到经营合同期满。如果继承人与被继承人不是一个家庭,继承人还想继续承包的,就要根据承包合同或者法律规定办理变更承包合同的手续。林地承包经营权和土地承包经营权不同,不管继承人和被继承人是不是一个家庭,都可以在承包期间继续承包。

【案例】

曹长海、曹长宝兄弟俩是大庆市龙凤区龙凤镇铁东村农民。父亲曹殿富于1984年承包了铁东村村委会的11亩土地,期限是五年。1987年,曹殿富去世。1988年,合同到期后铁东村村委会未收回土地,由他们母亲继续耕种土地,但未与铁东村村委会签订土地承包合同。1994年,母亲去世后,该土地由兄弟二人继续耕种。1995年1月1日,兄弟二人与铁东村村委会签订延长土地承包合同书,双方约定铁东村村委会将责任田11亩承包给曹长海兄弟二人,承包期限自1995年1月1日至2024年年末。但是也有村民说这些地一直由曹家耕种,不需要签订合同。请问这种说法对吗?

(本案例摘自中国民商法律网)

【案例解析】

根据我国法律的规定,土地承包经营权不是遗产,不能继承。所以,曹长海兄弟二人的父亲在承包期间内去世,该兄弟二人并不能继承该块土地的承包经营权。要想继续承包土地,必须与村委会签订土地承包合同。所以,曹家兄弟二人的做法是正确的。

9.保险金是不是遗产?

对于保险金是不是遗产,我们可以分为两种情况:(1)财产保险。(2)人身保险。

(1)财产保险。财产保险的保险金是不是遗产,分两种不同的情况:①被继承人为属于自己所有的财产投的保险,根据《最高人民法院关于人身保险金能否作为被保险人的遗产进行赔偿问题的批复》,财产保险金属于被继承人的遗产。(2)夫妻为家庭财产投的保险,不论是以谁的名义,最终支付的保险金都是夫妻共同财产。一方死亡时,按照约定分割出属于另一方的保险金,剩余的就是遗产。双方没有约定的,将保险金平均一分为二,其中一份是被继承人的遗产。

(2)人身保险。人身保险的保险金是不是遗产也分为两种情况:①投保单上指定了被继承人以外的人为受益人时,保险金不是被继承人的遗产。被保险人死后,由该受益人取得保险金。②以下几种情况下,人身保险的保险金是被继承人的遗产:A.保单指定被继承人为受益人的;B.保单上没有指定受益人的;C.受益人先于被保险人死亡,没有再指定其他受益人的;D.受益人放弃受益权,也没有其他受益人的;E.受益人依法丧失受益权,也没有其他受益人的。(丧失受益权是指受益人故意造成被保险人死亡或故意杀害被保险人的情况)这些情况下,保险金就属于被继承人的个人财产,被继承人死亡后,作为遗产可由其继承人继承。

【案例】

李某是北京人,独自经营蓝天纸箱加工厂。李某经营有道,产品在京津塘地区拥有一定的市场。李某为蓝天纸制品有限公司的财产投保人民币100万元。1999年夏季,由于华北地区连续数月干旱,加上纸箱厂生产车间电线老化,该纸箱厂发生火灾,李某身受重伤。事后查明,李某为自己也投保了50万人身意外伤害保险,其受益人为李某的妻子周某。请问这些保险赔偿金如何处理?

(本案例摘自中国保险网)

【案例解析】

李某对蓝天纸箱厂的100万元保险金应该赔付给蓝天纸制品有限公司,因为这100万元是的投保对象是公司,应由该公司获得。对于该人身意外伤害保险,因为指定了受益人,所以该部分赔偿金由其妻子周某获得。

10. 抚恤金是不是遗产?

抚恤金是由国家或有关单位依照有关规定发放给死者家属或伤残职工的带有精神抚慰性质的经济补偿。抚恤金能不能作为遗产,主要看抚恤金是发放给死者家属的,还是伤残职工本人的。如果职工因公死亡或者交通事故死亡,抚恤金就是死者的单位或国家或肇事者给死者家属或死者生前扶养的人的精神抚慰和经济补偿,相当于死者家属的生活费,它不是给死者的,因此不是死者生前的财产,不属于遗产,不能继承。如果抚恤金是有关部门发给因公伤残而丧失劳动能力的职工、军人本人的生活补助,是归他们个人所有的财产,在他们死后可以作为遗产继承。

【案例】

伍某是四川省绵阳市消防大队一支队队员。2008年5月12日大地震之后,他积极参与了伤员的救助与疏散任务。由于连续工作,

遗产及遗产的处理

得不到必要的休息,伍某于2008年5月21日,因劳累诱发心脏病,因公殉职。上级部门鉴于伍某的特殊贡献,特一次性抚恤给伍某家属人民币40万元整。现知伍某有一个两岁的女儿,由妻子孙某抚养,并和伍某的母亲一起生活,伍某的父亲已于多年前过世。这40万元应该怎样处理?

(本案例摘自新华网)

【案例解析】

本案例中,上级部门给予的40万元属于抚恤金,它相当于死者家属的生活费,因此不是死者生前的财产,不属于遗产,不能继承。该40万元应由伍某的妻子和母亲商讨处理,可做她们二人以及伍某女儿的生活费。

11.复员军人、转业军人的复员费、转业费、资助金、医疗费能不能继承?

复员军人、转业军人的复员费、转业费、资助金、医疗费,是国家发给复员、转业军人个人的,用于资助他们复员转业后的生活安置、生活消费和医疗费用等。1955年的《最高人民法院关于转业军人带回的资助金分家时应如何处理的复函》中指出:"转业军人由部队带回的资助金,应归军人所有,在分家时,其他家庭成员不应将该资助金视为家庭共有财产而共同分受。如果资助金数量大,军人生活富裕,其他家庭成员生活困难,可采取调解办法,说服军人少分家庭财产。"1993年颁发的《关于人民法院审理离婚案件处理财产分割问题的若干具体意见》第三条规定:"在婚姻关系存续期间,复员、转业军人所得的复员费、转业费,结婚时间10年以上的,应按夫妻共同财产进行分割。复员军人从部队带回的医药补助费和回乡生产补助费,应归本人所有。"2003年12月颁布的《最高人民法院关于适用〈中华人民共和国婚姻法〉若干问题的解释(二)》第十三条规定:"军人的伤亡保险金、伤残补助金、医药生活补助费属于个人财产。"由此可知,复员军人的复员费、转业费、资助金、医疗费等是属于复员军人、转业军人个人所有的合法财产,他们死亡后,可以作为遗产由其继承人继承。但如果复员、转业军人的上述费用已经全部用于家庭共同生活,就只能按家庭共有财产对待,而不能再作为遗产继承。

【案例】

高某于1985年参军,1991年与戴某自愿登记结婚。婚后育有一子。1994年,高某在抢险救灾中受伤,同年5月,高某由部队转业回家乡,在一企业任职。他在转业回家时,带回转业费5000元,医疗费20000元。1995年,高某因车祸死亡。死亡时,他由部队转业带回的25000元已因家庭共同开支花去18000元,余7000元。在分割遗产时,高某父母认为,高某由部队带回的25000元应属于高某的个人财产,作为遗产由父母、戴某及高某之子四人继承,对已经花去的18000元,要求戴某作价补偿。戴某认为,该笔费用一直用于家庭共同开支,应属于夫妻共同财产,目前还剩余7000元应当作为夫妻共同财产处理,自己占有50%的份额,因此高某留下的遗产只有3500元。双方僵持不下,一直不能达成协议,遂诉至法院。

(本案例摘自法律门,《复转军人转费应属个人财产》)

【案例解析】

根据我国法律,在婚姻关系存续期间,复员、转业军人所得的复员费、转业费,结婚时间10年以上的,应按夫妻共同财产进行分割。复员军人从部队带回的医药补助费和回乡生产补助费,应归本人所有。高某转业回家并未满10年。所以,高某带回的医药补助费、复员费等并不能按照夫妻共同财产处理,只能按照个人财产处理。由高某父母、戴某和高某之子四人继承,其中18000元已用于家庭共同生活,对该部分只能按家庭共有财产对待,高某父母无权追索,余下7000元,应全部作为高某遗产继承。

12. 股权能不能继承?

公司股权是不是遗产?能不能继承?公司法第七十六条明确规定:"自然人股东死亡后,其合法继承人可以继承股东资格;但是,公司章程另有规定的除外。"因此,股东死亡后,其股权能不能继承,要看该公司的章程是如何对这个问题规定的。正因如此,公司发起人在制定章程时,应尽量约定有可能出现的问题。在股权继承的问题上,对于能否继承、什么样的继承人能够继承、继承方式和程序、继承人放弃继承时的处理等问题都应该有明确的约定,这样才可以避免在这些问题上发生争议,使企业陷入困境。

【案例】

2003年5月,戴某、秦某、杨某分别出资28万、31万、59万共同设立一家有限责任公司,公司章程中未就股东去世后股权如何处理作出约定。2004年6月,戴某因车祸身亡,戴某之女戴甲要求继承其父的股权成为股东,原股东秦某、杨某坚决反对,不认可戴某股东身份,也不协助办理工商变更登记,同时立即修改了公司章程,规定在股东死亡情况下,公司股权的继承不能包括对股东资格的继承,相应股权只能转让,转让所获财产价值可以由继承人继承。戴甲遂向法院提起诉讼,要求继承戴某的股权,取得股东资格,全面行使在公司的权利。请问股东秦某、杨某的做法是否正确?为什么?

(本案例摘自中国红盾交流网,《股权继承纠纷案》)

【案例解析】

股东秦某和杨某的做法不正确。根据我国法律,自然人股东死亡后,其合法继承人可以继承股东资格,但公司章程另有规定的除外。本案中,该公司在章程中并没有排除股权继承的相关规定,所以依照法律,可以由戴某的女儿戴甲继承股权成为股东。

13.五保户的遗产由谁继承?

五保户指的是我国农村中常见的既无劳动能力、有没有经济来源,由集体为其保吃、保穿、保住、保医、保葬,并对其养老送终的老、弱、孤、寡、残的农民家庭。五保户的生活是由集体负责的,其扶养人是集体。继承法意见第五十五条规定:"集体组织对'五保户'实行'五保'时,双方有扶养协议的,按协议处理;没有扶养协议,死者有遗嘱继承人或法定继承人要求继承的,按遗嘱继承或法定继承处理,但集体组织有权要求扣回'五保'费用。"因此,对五保户的遗产可按不同情况区别对待:(1)集体组织与五保户签订了扶养协议的,按照协议办理。(2)没有扶养协议的,死者有遗嘱继承人或者法定继承人要求继承的,按照遗嘱继承或者法定继承处理,但集体组织有权要求扣回为其"五保"所支出的费用。(3)五保户没有继承人或者继承人丧失继承权的,由照顾扶养他的集体组织取得遗产。

【案例】

村民刘老太年轻时丧夫,无儿无女,是村里的五保户。不久前,老太太因病去世,村委会干部在清理老太的遗产时,发现刘老太遗有4000元存款。得知此事后,刘老太健在的妹妹当即提出要求继承该笔遗产。但是村干部认为,老太太多年来一直由村委会安排村民照顾其生活,所支出的费用早已超过5000元钱,这4000元钱应该作为"五保"费用进行扣除。那么,刘老太的这笔遗产应该如何处理呢?

(本案摘自大众网——农村大众,《"五保户"的遗产应如何处理》)

【案例解析】

本案中,刘老太与村委会并没有签订协议,所以刘老太的妹妹有权继承这4000元钱。但按照法律规定,集体组织有权要求扣回"五保"费用,所以村委会有权扣除扶养刘老太的花费。如果扣除之后还有剩余,就是由刘老太的妹妹继承;如果扣除之后没有剩余,刘老太的妹妹则没有可以继承的遗产。

14.妻死夫再娶或夫死妻改嫁后,他们有没有权利处理自己所继承的遗产?

对于这个问题,法律有明确规定。继承法第三十条规定:"夫妻一方死亡后另一方再婚的,有权处分所继承的财产,任何人不得干涉。"按此规定,妻子死亡后丈夫再娶妻的,丈夫死亡后妻子改嫁的,都有权利处理自己继承的前妻或者前夫的遗产,任何人都不能横加干涉。

【案例】

城关镇的牛翠花嫁给大钱镇钱大宝。二人幸福美满,钱大宝在外跑运输,牛翠花务农。小两口从一穷二白开始,日子渐渐好起来。可是好景不长,钱大宝在外遇车祸身亡,留下存款15万元。牛翠花终日以泪洗面,于一年以后打算改嫁。可是,钱大宝的同族人表示,牛翠花改嫁可以,但是必须把钱大宝的15万元留下。请问牛翠花应该怎么办?

【案例解析】

根据我国继承法的规定,夫妻一方死亡后另一方再婚的,有权处分所继承的财产,任何人不得干涉。钱大宝的15万元存款是在婚后夫妻二人积攒下的,属于夫妻共同财产。所以,牛翠花有权处置这15万元,她可以带着这笔钱改嫁他人。

15.不继承父母的遗产是不是就可以不承担赡养义务?

继承父母的遗产是子女的权利,赡养父母是子女的义务。权利是可以选择放弃,但义务必须履行。换句话说,承担赡养父母的义务和是否继承父母的遗产是两个不相关的问题,就算放弃继承父母的遗产也要承担赡养父母的义务。按照我国婚姻法第二十一条,老年人权益保障法第十一条、第十五条、第四十五条、第四十七条的规定,有能力赡养而不履行赡养父母义务的,无劳动能力或者生活有困难的父母,有权向人民法院起诉,要求子女付给自己赡养费。人民法院对父母追索赡养费或者扶养费的申请,可以依法裁定先予执行。对于虐待、遗弃父母情节恶劣,构成犯罪的,还应当依照刑法惩处。

【案例】

周某的母亲生有四个子女,现有楼房一栋,周某母亲无收入,周某兄妹四个和母亲协商,母亲的生活费和住院医疗费由四个子女均分,并轮流伺候,母亲百年后,遗产兄妹四个平分。同时写下遗产分配与赡养义务协议,如不尽义务则自愿放弃继承权,母亲和四个子女都签了字。这份协议具有法律效力吗?

【案例解析】

这份协议不具有法律效力。根据我国法律,继承父母的遗产是子女的权利,赡养父母是子女的义务。权利可以选择放弃,但义务必须履行。因此,周某兄妹四人可以放弃遗产的继承,但不能不履行赡养老人的义务。所以,这份遗产分配和赡养义务协议违反了我国法律的规定,不具有法律效力。

16.什么是遗产的分割?

遗产的分割是指继承开始之后有多个继承人分割遗产,从而取得各自应继承的那份遗产。

分割遗产时要注意:(1) 遗产的分割只能在继承开始之后进行,继承开始之前被继承人还活着,只有属于他的财产,还没有遗产,分割无从谈起。(2)分割的也只能是被继承人的遗产,不能把属于他人或者集体和国家的财产当作遗产进行分割。(3)只有在存在多个继承人的情况下,才会产生遗产分割的问题,只有一个继承人时,不用分割遗产。

17.分割遗产时要遵循哪些原则?

按照我国法律的规定,分割遗产时要遵循以下原则:

(1)均等原则。继承法第十三条第一款规定:"同一顺序继承人继承遗产的份额,一般应当均等。"这条规定强调的是一般情况下,同一顺序继承人应当平均分配遗产,同时对特殊情况作了补充:①对生活有特殊困难的缺乏劳动能力的继承人,分配遗产时,应当予以照顾;②对被继承人尽了主要扶养义务或者与被继承人共同生活的继承人,分配遗产时可以多分;③有扶养能力和扶养条件的继承人,不尽扶养义务的,分配遗产时,应当不分或者少分;④继承人协商同意的,也可以不均等。

(2)遗产分割自由原则。遗产分割自由是指在法律没有其他规定的情况下,合法继承人可以在继承开始后的任何时间请求分割遗产,其他继承人不得拒绝,也不得干涉。

(3)保留胎儿继承份额的原则。继承法第二十八条规定:"遗产分割时,应当保留胎儿的继承份额。胎儿出生时是死体的,保留的份额按照法定继承办理。"继承法意见第四十五条规定:"应当为胎儿保留的遗产份额没有保留的应从继承人所继承的遗产中扣回。为胎儿保留的遗产份额,如胎儿出生后死亡的,由其继承人继承;如胎儿出生时就是死体的,由被继承人的继承人继承。"

(4)互谅互让、协商分割原则。各继承人应该相互体谅、相互谦让,在协商一致的基础上妥善解决遗产分割的问题。继承法第十五条规定:"继承人应当本着互谅互让、和睦团结的精神,协商处理继承问题。遗产分割的时间、办法和份额,由继承人协商确定。协商不成的,可以由人民调解委员会调解或者向人民法院提起诉讼。"

(5)有利于生产、生活与不损害遗产使用价值的原则。为了更好地发挥遗产的效用、实现物尽其用的目的,分割遗产时应该根据遗产的性质和特点,把继承人在生产生活中最需要的遗产分配给他们,使遗产发挥最大的功效和作用。继承法第二十九条第一款规定:"遗产分割应当有利于生产和生活需要,不损害遗产的效用。"继承法意见第五十八条规定:"人民法院在分割遗产中的房屋、生产资料和特定职业所需要的财产时,应依据有利于发挥其使用效益和继承人的实际需要,兼顾各继承人的利益进行处理。"

【案例】

陈某是城市居民,25岁时因吸毒过量死亡,其生前未婚,父母早亡,祖父母和外祖父母均早早去世。小时候叔叔对他扶养较多,他死后遗留有住房一套。根据继承法之规定,陈某死后,因无法定继承人,其遗留的住房应归国家所有。但陈某的叔叔称,因其对陈某扶养较多,可适当分得该遗产。陈某叔叔的说法正确吗?

(本案例摘自中国法院网)

【案例解析】

陈某叔叔的说法是正确的。根据我国继承法第十四条的规定,继承人以外的对继承人扶养较多的人,可以分给他们适当的遗产。陈某的叔叔虽然属于继承人以外的人,但由于他对陈某扶养较多,所以可以适当分得被继承人陈某的遗产。

18.遗产应该怎样分割?

我国继承法第二十九条第二款规定:"不宜分割的遗产,可以采取折价、适当补偿或共有等方法处理。"按此规定,分割遗产有以下四种方式:(1)实物分割。有些遗产是可分物,有些遗产是不可分物,对于可分并且分割后不损害其使用价值的,可以采用实物分割的方法,分成若干份,由各个继承人分别继承。(2)变价分割。变价分割的方法通常适用于各个继承人都愿意分割共有财产,却都不愿意实际取得遗产实物的情况。变价分割就是将共有的财产卖钱,再由各个继承人继承。变价分割要取得全体继承人的同意才可以进行,否则无效。(3)作价补偿。有些遗产是不可分的,采用实物分割会损害它的使用价值,所以将该遗产物合理估价,由愿意取得该遗产物的继承人取得该物,超过其应继承的遗产份额的部分用货币或者其他方式予以补偿。(4)保留共有。如果遗产是不宜分割的物或者在继承人都同意不分割的情况下,可以不分割遗产,保留各继承人对遗产的共有权,继续维持共有的状态。但这时候的共有不是共同共有,而是按份共有,每个继承人按照自己应该继承的份额对遗产行使权利,承担责任。

【案例】

王老汉于2008年冬天过世,享年91岁。王老汉生前是离休干部,拥有原单位分配的住房两套,都已全部过户于其名下。王老汉生前还有收藏的若干字画和邮票,银行有存款12万元。王老汉的老伴已于前年过世。王老汉共有两个儿子一个女儿,孙子辈四人。请问王老汉的遗产如何处理?

(本案例摘自中国法院网)

【案例解析】

根据我国法律规定,王老汉的遗产包括存款12万、住房两套、若干字画和若干邮票。王老汉的继承人共有三人。我国继承法第二十九条第二款规定:"不宜分割的遗产,可以采取折价、适当补偿或共有等方法处理。"对于王老汉的两套住房,因为不宜分割成为三等份,所以可以采取折价、适当补偿或共有等方法处理。对于王老汉的若干字画和若干邮票也可以采取折价、适当补偿的方式处理。

19.什么是被继承人的债务?

被继承人的债务是指被继承人生前依法应该缴纳的税款、罚金以及因其他原因所欠下的债务。被继承人的债务应该由其个人清偿,还未清偿被继承人就死亡的,按照我国继承法第三十三条的规定,应该由取得遗产的人在所取得的遗产的实际价值内清偿。比如,被继承人生前应该缴纳而未缴纳的税款、罚金以及所欠的债务共1万元,他的遗产有7000元,取得遗产的人就应该偿还被继承人所欠的7000元,超过的部分,他可以不用偿还,因为他一共就继承了7000元。

【案例】

张某于1997年自办红星养殖场,生意红红火火,在2006年10月3日去往采购饲料的路上却因山体滑坡遇难身亡,留有遗产若干,其中存款60万元,房屋六间,生前尚欠税款103元,欠李某饲料款3万元,欠工人三个月的工资款5万元。请问:哪些属于被继承人张某的债务?

【案例解析】

本案中张某的生前债务有:税款103元、欠李某饲料款3万元、欠工人的工资款5万元。该债务属于被继承人张某生前的合法债务,应由用张某所留遗产清偿。

20.在确定被继承人的债务时应注意哪些问题?

在确定被继承人的债务时应该注意以下三个问题:

(1)要把被继承人的个人债务与被继承人和其他人的共同债务区别开来。比如家庭共同债务是因为家庭生活而形成的,应该用家庭的共有财产来清偿,不能用被继承人的遗产全部清偿。所以要分出家庭共同债务中应该由被继承人清偿的部分,将其确定为被继承人的债务,用被继承人的遗产来清偿。如夫妻共同的债务应该用夫妻共同财产清偿,或者分出被继承人的债务,用被继承人的遗产清偿。

(2)不能把继承人或者其他人的债务误认为是被继承人的债务,尤其是被继承人以自己的名义为别人欠下的债务。实践中最容易混淆的有两种:①以被继承人的名义欠下的家庭其他成员的债务。如被继承人的儿子要买房子,钱不够,自己又借不到,所以央求父亲以自己的名义向朋友借钱。这钱虽然是以被继承人的名义借的,但实际上却是继承人的债务,应该由继承人偿还。②在被继承人生前,继承人有条件尽扶养赡养义务而不尽,导致被继承人迫于生活需要而以个人名义欠下的债务。这种债务应该先用被继承人的遗产清偿,遗产不够清偿的,剩下的部分由继承人清偿。

(3)应该把继承费用与被继承人的债务加以区别。继承费用包括丧葬费用、遗产管理费用、公告通知费用等。继承费用虽然应当从遗产中支出,但却不是被继承人的债务。

21.被继承人的债务应怎样偿还?

对于被继承人的债务应该怎样偿还,我们可以从清偿方式和清偿原则两方面来了解:

(1)被继承人债务的清偿方式。

我国继承法对于被继承人债务的清偿方法没有作出具体规定,司法实践中的一般做法是:继承开始后,一般应首先以被继承人的遗产缴纳其生前的税款、清偿所欠的个人债务,余下的遗产再继承。如果是由好几个人共同继承的情况,一般有两种方式清偿债务:①共同继承人先把被继承人的债务一次性从遗产中清偿完毕,剩下的遗产由各个继承人进行分割、继承。②共同继承人先按照各自应该继承的份额分割、继承遗产,然后再按照比例分别清偿各自所承担的被继承人债务。在所继承遗产的实际价值范围内,继承遗产多的人多分担债务，继承遗产少的人少分担债务。实践中更常见的是第一种清偿方式。

(2)清偿被继承人债务的原则。

①清偿被继承人的债务与接受继承相统一的原则。按照这个原则，继承人只有在接受继承时，才依法承担清偿被继承人债务的义务，这即表明，继承人接受继承是继承人清偿被继承人债务的前提条件。这实际上是权利义务相一致原则的表现。继承法第三十三条第二款规定："继承人放弃继承权的，对被继承人依法应当缴纳的税款和债务可以不负清偿责任。"

②限定继承原则。限定继承指的是继承人在接受遗产的实际价值范围内承担清偿被继承人债务的责任，也就是说，继承人清偿被继承人的债务要以所继承到的遗产的实际价值为限度，超过的部分可以不偿还。当然，超过遗产实际价值的部分，继承人自愿偿还的，法律也不会限制。这个原则体现在继承法第三十三条第一款："继承遗产应当清偿被继承人依法应当缴纳的税款和债务，缴纳税款和清偿债务以他的遗产实际价值为限，超过遗产实际价值部分，继承人自愿偿还的不在此限。"

③保留必要的遗产份额的原则。如果继承人缺乏劳动能力又没有生活来源的，被继承人的遗产不足以清偿他生前所欠的债务，这时应该为继承人保留适当的遗产。比如，被继承人所欠的债务有5万元，而他的遗产有3万元，继承人高位截瘫，没有劳动能力也没有生活来源，这时候，就要为该继承人保留适当的遗产以供他生活之需。这个原则体现在继承法意见第六十一条："继承人中有缺乏劳动能力又没有生活来源的人，即使遗产不足清偿债务，也应为其保留适当遗产，然后再按继承法第三十三条和民事诉讼法第一百八十条的规定清偿债务。"

④清偿被继承人的债务优先于执行遗赠的原则。这个原则是指在处理遗产时，应该首先清偿被继承人的债务，在清偿债务之后还有剩余遗产的，才能执行遗赠。该原则体现在继承法第三十四条："执行

继承法与农民生活

遗赠不得妨碍清偿遗赠人依法应当缴纳的税款和债务。"

⑤有序清偿的原则。被继承人存在多种债务的情况下,要按照一定的顺序清偿。但是对于清偿被继承人债务的顺序,继承法没有具体的规定,理论上认为应该先清偿具有优先权的债权,然后才能清偿普通债权。

【案例】

刘老爹生前办有一机械加工厂,收入颇丰。现留有存款52万元,其个人有银行贷款12万元,借另一加工厂厂长崔某2万元,个人应缴税款8000元未缴纳。刘老爹的遗产应该如何处理?

【案例解析】

我国继承法第三十三条规定,继承遗产应当清偿被继承人依法应当缴纳的税款和债务,缴纳税款和清偿债务以他的遗产实际价值为限,超过遗产实际价值的部分,继承人自愿偿还的不在此限。因此,继承开始后,首先应该从刘老爹的52万元遗产中,上缴其依法应该缴纳的税款8000元;其次偿还其个人银行贷款12万元;最后还清崔某的2万元,剩下的37.2万元才可作为其遗产被继承。

22.继承人中既有法定继承人,又有遗嘱继承人时,应该怎样清偿被继承人的债务？遗产分割完后又发现了被继承人的债务应该怎么办？

如果几个继承人中既有法定继承人,又有遗嘱继承人时,一般应先用遗产清偿债务,然后再按照遗嘱中所指定的遗产分配方法和顺序对遗产进行分割,由遗嘱继承人继承或受遗赠人接受遗赠,剩余遗产按照法律规定由法定继承人继承。

如果遗产已经被分割但还未清偿债务时,或者遗产分割完后又发现了被继承人的债务时,按照继承法意见第六十二条的规定,首先要由法定继承人用被继承人的遗产清偿债务。如果法定继承人继承的遗产还不足以清偿时,剩余的债务就要由遗嘱中的继承人和受遗赠人,按比例用所得的遗产偿还。如果只有遗嘱继承和遗赠的,应当由遗嘱继承人和受遗赠人按比例用所得的遗产偿还被继承人的债务。

【案例】

王某是生意人,有存款117万元,房产4处。王某于2007年夏天突发心脏病去世。王某的老伴仍然健在,还有一个儿子。王某于几年前曾用书面遗嘱的方式,将其20万元存款遗赠给其朋友的独子。王某活着的时候曾和老伴约定,117万元存款中有50万是老伴的,4处房产中有2处是老伴的,因此其遗产有2处房产和67万元存款。遗产被分割后,又发现王某生前欠别人的30万元债务还没有还。这笔债务应该如何处理?

【案例解析】

本案中,王某死亡后,其遗产要先按照遗嘱分出20万元遗赠给他朋友的独子,剩下的47万元和2处房产由他的法定继承人老伴和儿子继承。遗产分割后又发现的王某欠别人的这30万元应该先由其法定继承人老伴和儿子从他们继承的遗产中清偿。他们所继承的遗产足够清偿这30万元的债务。假设王某欠了200万元的债务,法定继承人所继承的遗产不足以清偿其所欠的债务,这时,剩余的债务就要由接受遗赠的人用他所得的20万元来偿还。

23. "父债子还"合理吗?

老百姓常说:"父债子还。"这种说法并不合理,父债不一定要子还。父亲欠的债就是父亲的债,只能由父亲还。当然,如果表面上是以父亲的名义但实际上是为儿子欠的债,那就是儿子的债,要由儿子来还。

父亲欠的债生前没还的,父亲死后,用其遗产来还,因为遗产原本就是父亲的财产。不论是还了债再继承剩余遗产,还是继承了遗产再用遗产还债,父亲欠了债都是要用父亲的遗产来偿还的。除非父亲的遗产不足以清偿时,儿子自愿代为清偿。

如果父亲的遗嘱对如何还债有安排的,按照此安排处理。如果父亲对如何还债没有安排,先用父亲的遗产清偿债务,然后按照遗嘱中所指定的遗产分配方法和顺序对遗产进行分割或执行遗赠,由遗嘱继承人继承或受遗赠人接受遗赠,剩余的遗产按照法律规定由法定继承人继承。如果遗产已经被分割但还未清偿债务时,或者遗产分割完后又发现了父亲的债务时,首先由法定继承人用继承到的遗产清偿债务。法定继承人继承的遗产还不足以清偿时,剩余债务由遗嘱继承人和受遗赠人按比例用所得遗产偿还。如果只有遗嘱继承和遗赠的,应当由遗嘱继承人和受遗赠人按比例用所得的遗产偿还父亲的债务。不论如何偿还父亲的债务,继承人都只需要在自己继承的遗产的实际价值限度内清偿,超过遗产价值限度的,继承人可以不偿还。当然,如果继承人自愿偿还的剩余部分的,法律也不会限制。继承人没有接受遗产的,也不需要清偿被继承人的债务。

【案例】

刘某父亲在全家人毫不知情的情况下,借下了80余万巨额债务,去赌博输掉了。后刘某父亲死亡。现在刘某的父亲仅仅留下存款2万元。那么刘某父亲欠下的债务,刘某有义务替他偿还吗?刘某没有能力偿还怎么办?

【案例解析】

本案中,刘某父亲的遗产首先应该用来偿还其所欠下的80万元债务。即便刘某的父亲只留下了2万元存款,也必须先用这2万元偿还债务。刘某只需要在其继承遗产的范围内偿还债务,对于不足的部分,刘某可以不偿还。如果刘某没有偿还能力,可以不偿还。

24.继承遗产需要缴税吗?

在我国,虽然早些年各方面就有了征收遗产税的建议和说法,但是到目前为止,我国还没有立法开始征收遗产税。换句话说,在我国继承遗产不需要缴纳税款。但非法定继承人根据遗嘱接受死者生前的土地、房屋权属的,属于接受赠与,要缴纳契税,税额是房地产市场价格的3%。法定继承人继承房屋、土地权属时,不需要缴税。

【案例】

许某因病于上个月去逝,留下市区住房一套及存款10万元。许某子女均已成家立业。在所立遗嘱中,许某将自己名下的市区住房赠给曾经救过她性命的好友刘某。在遗产分割前,刘某表示愿意接受遗赠。请问,许某的子女在继承遗产时和刘某在接受遗赠时,是否需要纳税?

【案例解析】

根据我国法律,在我国继承遗产不需要缴纳税款。作为法定继承人,许某的子女在继承她的存款的时候,不需要缴税。但是,刘某不是许某的法定继承人,在接受许某的住房时候,需要缴纳契税,即房产市场价格的3%。

25.无人继承又无人受遗赠的遗产应该怎么办?

无人继承又无人受遗赠的遗产是指继承开始后,没有继承人或者继承人全部放弃继承,而且无人接受遗赠的遗产。无人继承又无人受遗赠的遗产有三种情况:(1)该遗产没有继承人或者受遗赠人。被继承人死后既没有遗嘱继承人,也没有法定继承人,被继承人生前也没有立遗嘱在死后将遗产赠与法定继承人以外的人、集体、社会组织或者国家。(2)继承人在法定期限内放弃继承或者受遗赠人放弃接受遗赠。继承开始后、遗产分割前,继承人都明确表示放弃继承。受遗赠人在知道受遗赠后两个月内明确表示放弃接受遗赠,或者没有作任何明确表示视为放弃接受遗赠。这时候,既不发生遗嘱继承,也不发生法定继承,也不发生遗赠,遗产按照无人继承又无人接受遗赠处理。(3)继承人或者受遗赠人依法丧失继承权或者受遗赠权,又无其他继承人的。此时遗产按照无人继承又无人接受遗赠处理。

确定遗产是否属于无人继承又无人受遗赠有一定的程序:继承开始后,如果继承人和受遗赠人处于不明状态时,必须要通过公告程序寻找他们。法律对公告程序没有做出具体规定,实践中一般是由遗产保管人或者保管单位及时发出寻找通告,公告期至少为1年。公告期满仍然没有继承人或者受遗赠人出现的话,才能将该遗产确定为无人继承又无人受遗赠的遗产。

我国继承法第三十二条规定:"无人继承又无人受遗赠的遗产,归国家所有;死者生前是集体所有制组织成员的,归所在集体所有制组织所有。"按此规定,如果被继承人生前是农村或者城镇集体所有制组织的成员,其无人继承又无人受遗赠的遗产,归其生前所在的集体所有制组织所有;如果被继承人是集体所有制组织以外的人员时,其无人继承又无人受遗赠的遗产,归国家所有。但是无论是集体所有制组织还是国家要取得无人继承又无人受遗赠的遗产,都必须按照以下程序处理:(1)如果是依靠被继承人扶养却没有继承权,而且缺乏劳动能力又没有生活来源的人,或者有对被继承人扶养较多的人,他们提出要取得遗产,人民法院应该按照具体情况分给适当的遗产。(2)在遗产的实际价值限度内清偿被继承人生前所欠的债务。(3)剩下的才收归国家或者集体所有。

【案例】

古镇古庄小学的孙校长一生未嫁,父母兄弟姊妹也都她在之前过世。孙校长平时收入的大部分也是用来帮助镇里家庭困难交不起学费的学生。孙校长70岁过世,没有留下遗嘱。孙校长临终只攒下7万元。治丧期间,学校治丧委员会一共收到礼金11万元,除去必须开销,剩下8万元。请问这15万元怎么样处理?

【案例解析】

本案中,孙校长没有继承人,她个人也没有留下遗嘱,所以,这15万元属于无人继承也无人受遗赠的遗产。如果孙校长是古庄的集体所有制组织成员,那么这15万元归古庄所有。如果孙校长不是集体所有制组织成员,那这15万元则归国家所有。

第七章 民族自治地方的变通规定

1. 民族自治地方的继承有没有变通或补充规定？

我国幅员辽阔，民族众多，很多少数民族都有自己独特的风俗习惯。为了照顾和尊重少数民族的传统习俗，继承法第三十五条规定："民族自治地方的人民代表大会可以根据本法的原则，结合当地民族财产继承的具体情况，制定变通的或者补充的规定。自治区的规定，报全国人民代表大会常务委员会备案。自治州、自治县的规定，报省或者自治区的人民代表大会常务委员会批准后生效，并报全国人民代表大会常务委员会备案。"因此，有些民族自治地方在继承法律方面有自己的变通或者补充规定。民族自治地方的居民在面临遗产纠纷时可以查找一下自己所在的民族自治地方是否有变通和补充规定，了解和掌握这些变通和补充规定能更好地保护自己的合法权益。

第八章 涉外继承

1. 大陆居民能不能继承在港澳台的遗产？

香港、澳门、台湾、大陆分别实行不同的法律，因此，我国把涉及到港澳台地区的继承都当作涉外继承来看待。继承法第三十六条对涉外继承作出了规定："中国公民继承在中华人民共和国境外的遗产或者继承在中华人民共和国境内的外国人的遗产，动产适用被继承人住所地法律，不动产适用不动产所在地法律。外国人继承在中华人民共和国境内的遗产或者继承在中华人民共和国境外的中国公民的遗产，动产适用被继承人住所地法律，不动产适用不动产所在地法律。"继承法意见第六十三条规定："涉外继承，遗产为动产的，适用被继承人住所地法律，即适用被继承人生前最后住所地国家的法律。"

按照上述规定，遗产为动产的，如存款、字画、古董、汽车等，被继承人生前最后的住所地在哪里，就要适用哪个地方的关于继承的法律规定。比如被继承人生前最后住所地在北京的，适用大陆继承法的相关规定；在台湾的，适用台湾关于继承的法律。遗产为不动产的，如房产，就要适用不动产所在地法律。如房产在上海，适用大陆继承法的规定；房产在香港，适用香港有关继承的法律。

大陆居民继承港澳台亲属的遗产有一系列复杂的手续。以大陆居民继承在香港的遗产为例，大致情况如下：

大陆居民继承香港亲属的遗产，可以委托香港律师办理，也可以出具委托书授权在香港的亲友办理，申请人应提供大陆公证机关出具的公证文件、证明本人与死者的关系，按香港有关法律执行。

香港遗产继承是由香港高等法院处理的。向香港高等法院申办继承香港亲属遗产的过程是:(1)由申请人或委托办理人清算死者遗产,并会同遗产税署人员清点死者名下的财物,开列清点清单,并对不动产作估价;(2)申报遗产总值,向税务局遗产税署申报遗产情况,领取遗产免税或完税证明;(3)呈送法院检证。①有遗嘱的遗产应提交的文件有:死者死亡证明书,死者遗嘱原件及复印件,遗产税署开具的免税或完税证明,执行人的宣誓书。②无遗嘱的遗产应提交的文件有:死者死亡证明书,遗产税署开具的免税或完税证明,由一名与死者没有亲属关系的成年男子宣誓声明其与申请人相识的时间及与申请人没有亲属关系的宣誓书,申请人作为合法继承人的宣誓书,由死者的近亲属声明死者没有留下遗嘱的宣誓书。(4)提取死者遗产,申请人在向高等法院申请领取死者遗产管理证明书或者遗产鉴定书后,向银行、证券、田土厅办理遗产转移手续;(5)遗产的处理分配。首先,结清死亡人生前所欠债务、丧葬费、申请承办费,其次,剩余部分依遗嘱或法定继承人分配。

上述仅仅是大陆居民继承在香港的遗产的大致情况。如果大陆居民要继承的是位于台湾的遗产,情况就更为复杂,大致情况如下:

(1)法定继承人的范围。根据大陆法律有关规定及台湾地区有关法规,法定继承人的范围如下:①配偶为任一顺序继承人。②第一顺序继承人为直系血亲卑亲属。如子女(含婚生子女、非婚生子女、养子女及胎儿)、孙子女、曾孙子女等。③第二顺序继承人为父母(含生父母、养父母等)。④第三顺序继承人为兄弟姐妹(含同父母兄弟姐妹、同父异母兄弟姐妹、养兄弟姐妹等)。⑤第四顺序继承人为祖父母、外祖父母。大陆居民须符合上述继承人范围的规定才可以申请办理继承台湾的遗产的手续。

(2)继承时效。根据台湾地区《台湾地区与大陆地区人民关系条例》规定,大陆居民继承台湾亲属在台遗产,应于继承开始起3年内向被继承人住所地的法院申请,但1992年9月18日以前死亡的现役或退除役人员的遗产继承时效,不在此范围。

(3)继承数额。根据台湾地区《台湾地区与大陆地区人民关系条例》规定,大陆居民依法继承其台湾亲属在台遗产的,所得财产总额,每人不能超过200万新台币。如遗产中有不动产的,则将大陆继承人应得部分折算为价额继承,但台湾地区继承人赖以居住的不动产除外。

(4)申办继承在台遗产程序。大陆居民在获知自己有合法的继承权时,首先应到继承人户籍所在地办理涉台公证的公证部门办理相关的公证,而后再向台湾有关部门申办。

(5)办理涉台遗产继承所需公证书。①亲属关系公证书,即证明继承人与被继承人之间亲属关系的公证文书。②委托公证书,即继承人委托为其在台湾申办遗产的台湾的机构或个人的公证文书。其他公证书如死亡证明公证书、婚姻状况公证书等。大陆继承人在完成上述公证书办理后,将公证书的正本寄给台湾的受托人,公证书副本由公证部门寄往台湾海基会,正、副本核对无误后,台湾受托人方可向台湾有关部门申领遗产继承。

【案例】

四川军阀杨某93岁病逝于台湾荣民医院,其在台湾留下的财产颇丰。杨某在大陆四川的子女得知消息之后,想要继承杨某在台湾的遗产,请问他们该怎么办?

(本案例摘自《中央日报》)

【案例解析】

本案中,杨某在四川的子女有权继承杨某在台湾的遗产。动产适用杨某住所地台湾的法律。具体的程序要按照法律的相关要求办理。

2.港澳台同胞能不能继承在内地的遗产?

港澳台同胞能够继承在内地的遗产。按照继承法第三十六条和继承法意见第六十三条的规定,动产适用被继承人住所地法律,即被继承人生前最后住所地的法律,不动产适用不动产所在地法律。

港澳台同胞继承在内地的遗产,按照我国继承相关法律的规定,与内地居民享有同等的继承权。他们可以自己回内地办理,也可以委托亲属和有关部门办理。但要注意,被继承人有遗嘱的,不论是内地居民的遗嘱,还是港澳台居民处理其在内地遗产的遗嘱,都要符合我国继承法对于遗嘱和遗嘱继承的规定。此外,继承人办理继承手续时,也需要提供被继承人的死亡证明、被继承人和继承人之间的亲属关系证明,还要在被继承人原所在地的公证机关办理遗产继承公证,再凭公证书办理继承手续。香港居民办理遗产继承的一切有关文件,都必须由我国司法部委托的办理公证证明业务的香港律师办理。澳门居民办理遗产继承有关的一切文件,都要到内地驻澳门的机构办理。

【案例】

香港公民林某于20世纪80年代初到福建省进行渔业产业的经营,经过二十多年的积累,成绩斐然。林某于2003年3月返港期间,罹患SARS,在香港玛丽医院病逝。由于事情突然,林某并未留下任何遗嘱。现得知,林某仅有一独子林甲在香港与母亲生活在一起,林某在福建省的公司股份价值3500万,并拥有别墅2套,汽车3部,其他动产若干,请问林甲和其母亲有权继承林某的遗产么?

(本案例摘自《大公报》)

【案例解析】

本案中,林某的儿子林甲和林某的妻子都有权继承林某在大陆的遗产。2套别墅属于不动产,适用别墅所在地即中国大陆的法律;公司股份、汽车以及其他动产适用林某的住所地法律,如果林某的住所在香港,就要适用香港的相关法律。具体法律程序需要符合我国法律的规定。

3. 中国公民能不能继承在境外的遗产和在境内的外国人的遗产?

改革开放以来,中国人和外国人的交往越来越多,产生了大量的民事关系,其中继承关系是很常见的。中国公民能继承在境外的遗产和在境内的外国人的遗产。中国人继承境外的遗产,不论是境外中国人的遗产,还是外国人的遗产,都是涉外继承。中国人继承境内的外国人的遗产,也是涉外继承。

我国继承法对涉外继承作出了明确规定。继承法第三十六条规定:"中国公民继承在中华人民共和国境外的遗产或者继承在中华人民共和国境内的外国人的遗产,动产适用被继承人住所地法律,不动产适用不动产所在地法律。外国人继承在中华人民共和国境内的遗产或者继承在中华人民共和国境外的中国公民的遗产,动产适用被继承人住所地法律,不动产适用不动产所在地法律。中华人民共和国与外国订有条约、协定的,按照条约、协定办理。"继承法意见第六十三条也规定:"涉外继承,遗产为动产的,适用被继承人住所地法律,即适用被继承人生前最后住所地国家的法律。"

按照上述规定,中国人继承在境外的遗产,或者继承在境内的外国人的遗产,遗产为动产的,适用被继承人生前最后住所地国家的法律。民法通则第十五条对公民的住所也有规定:"公民以他的户籍所在地的居住地为住所,经常居住地与住所不一致的,经常居住地视为住所。"最高人民法院民通意见又进一步规定:"公民的经常居住地是指公民离开住所地时最后连续居住一年以上的地方,但公民住院就医的除外。"

【案例】

赵某原系北京人,他创立了一所职业培训学校,后该学校注册成为集团公司。该公司在美国纳斯达克上市。赵某也申请成为了美国公民。赵某在美国及中国拥有多处房产以及若干不动产。赵某一直未娶妻,也没有孩子,但父母都还健在,并一直在中国生活。前不久,赵某出海游玩时,不幸遇到海啸身亡。请问,赵某的父母能不能继承赵某在美国以及中国的遗产?

【案例解析】

本案中,赵某的父母是赵某的合法继承人,能够继承赵某在美国和中国的任何遗产。不动产在中国,就适用中国的法律,在美国就适用美国的法律。动产适用被继承人死亡时住所地法律,赵某的住所在美国,应该适用美国的相关法律。但赵某生前经常居住在中国,就要适用经常居住地中国的法律。

4.中国公民继承境外遗产的步骤包括哪些?

中国公民继承在中国境外的外国人(包括外籍华人)遗产的步骤大致如下:

(1)办理身份证书。中国公民申请继承在中国境外的外国人的遗产,首先要持本人身份证、户口本、被继承人的死亡通知书等有关材料,到本人住所地市级以上的公证处办理亲属关系证书、继承权证明书等身份证书。

(2)办理本人的出国手续或委托授权书、代理人的出国手续。当事人持经过公证的身份证书和被继承人死亡通知书等材料,到出入境管理机关办理去被继承人国籍国的护照。当事人可以委托其他亲属、朋友、律师代为出国办理,但必须出具授权委托书。当事人也可以委托被继承人国籍国的律师、亲友代办继承事项,该委托书必须经过公证。

(3)了解遗产状况及有关事项,区分动产与不动产,分别办理遗产继承。办理继承的当事人、代理人在申请继承以前,先要查明遗产状况,有哪些遗产、位于何处,哪些属于动产、哪些属于不动产。调查时,可以请求我国驻当地的使馆、领馆予以帮助。遗产状况明确后,当事人、代理人应将遗产中的不动产和动产区分开,分别处理。对不动产的继承申请,应向不动产所在地法院提出;对动产则应向被继承人住所地的法院提出。被继承人所在国籍国不区分动产、不动产的,只须向被继承人住所地法院申请继承。

5.外国人怎样继承在中国的遗产?

外国人继承在中国的遗产也是涉外继承,同样适用继承法第三十六条和《最高人民法院关于贯彻执行〈中华人民共和国继承法〉若干问题的意见》第六十三条的规定,遗产为动产的,适用被继承人生前最后住所地国家的法律。遗产为不动产的,适用不动产所在地法律。中国和外国订有条约、协定的,按照条约、协定办理。

外国人(包括华侨)申请继承中国境内的遗产的大致步骤是:

(1)向其居住国公证机关办理公证书,证明申请人的职业、住址以及与被继承人的亲属关系等。该公证书还须经居住国外交部或外交部指定的办理认证的其他官方机构和中国驻该国的使馆、领馆认证。(如需要公证的主要事实发生在我国境内,申请人可以直接向我国有关地方公证机关申请公证,由公证机关核发继承权证明书)

(2)上述公证书经过中国驻外使、领馆认证后,申请人应同时携带被继承人的《死亡证明书》等证明材料,向遗产所在地的公证机关申请办理继承手续。公证部门对有关证件审核后,对符合我国遗产继承相关法律规定的,发给《继承权证明书》。申请人可凭此到遗产管理部门(如房管局、银行等)办理具体继承事项。

(3)申请人如因故不能或不便亲自来华办理继承事宜,可委托其在华境内的亲友代为办理,也可以委托财产所在地的律师代为办理。委托律师办理的,需要出具委托书。委托书应包括受托人的姓名、住址以及代理权限。委托书也需要在申请人居住国办理公证及认证手续。

【案例】

梁西是上海人,自幼是孤儿,由政府抚养。20世纪80年代初被公派留学美国,在美国与当地一姑娘结婚并定居于新泽西州。1983年,两人生有一子梁小西。1986年,梁某在美国与其妻子发生口角,愤而离婚,并回国。梁小西留在美国与母亲生活在一起。2007年,梁西在上海突发脑溢血病逝。现查明,梁西在新泽西州拥有公寓1套,上海拥有别墅1套,在北京拥有奔驰汽车2部。请问梁小西能不能继承梁西的这些遗产?

(本案例摘自中国民商法律网)

【案例解析】

根据我国法律,外国人可以继承在我国境内的遗产。所以梁小西可以继承他父亲梁西的遗产。对于美国新泽西州的公寓继承适用不动产地的法律，即美国新泽西州的法律。上海的别墅适用不动产地的法律也即中国的法律，在北京的汽车属于动产，适用被继承人生前最后住所地国家的法律，即中国的法律。

参考文献

[1] 王蓉等.遗产继承法律问题指南.法律出版社,2007.
[2] 国家司法考试辅导用书(民法用书).法律出版社,2008.
[3] 李霞.婚姻家庭继承法学.山东大学出版社,2006.
[4] 杨遂全.亲属与继承法论.四川大学出版社,2005.
[5] 郭明瑞、房绍坤、关涛.继承法研究.中国人民大学出版社,2003.
[6] 曹静.继承纠纷疑难案例.中国法制出版社,2008.
[7] 蒋月、何丽新.婚姻家庭与继承法.厦门大学出版社,2003.
[8] 吴永科.继承权法律制度研究.群众出版社,2007.
[9] 孙若军.继承法.中国人民大学出版社,2008.
[10] 法律出版社法规中心.继承法要点解答.法律出版社,2008.

后 记

在我国五千年历史长河中,自给自足的农耕社会,虽创造了璀璨厚重的农业文明,但也遮闭了更为广阔的权利视野和独立的主体人格,以及人们对平等权的认知与追求,直至我国农业逐步实现现代化的新时期,历史的那个幽灵似乎仍然盘缠难去。新中国成立后,特别是改革开放30年来,党中央数次召开中央全会,专题讨论"三农"问题,先后发布了11个"一号文件",以"强农扶农、支农惠农"为主题,采取"多予、少取、放活"政策,加快"三农"建设步伐,使农村发生了翻天覆地的巨大变化,农民的生活水平显著改善,经济收入大幅提高。但不容否认,截至今天,作为相对弱势的9亿农民,仍面临土地承包与流转、综合与专项补贴、粮食与食品安全、婚姻家庭、赡养抚育、耕地保护、生态污染、医疗卫生、文化教育、社会保障、人身安全等一系列挑战与困扰,农民权益的缺失依然是我国农村法制化建设的瓶颈。"没有农村的法制化就没有中国的法制化,没有农民法律意识的提高就没有中国的民主法治"。由此,农民群众不仅要摆脱封建专制、"重礼轻法"等传统观念的束缚,更要在"五五普法"的基础上,树立社会主义法制理念,熟知法律知识,善用法律武器,以真正的司法救济维护自身权益。也是基于这一认识,我们策划出版了这套《农家书屋文库·法律系列》丛书,以期在农村法制化建设和社会主义和谐社会建设中发挥作用。

这套大型法律知识普及读本,以科学发展观和党的十七大精神为指导,紧密结合新时期农民生产生活和改革开放30年来农民对法律知识的新需求编排内容,既考虑了法律学科知识内在的系统性,又考虑了其实践性的特点。全套丛书采取一事一议、一问一答、以案说法等多种形式,生动简明、通俗易懂地解析法律知识,注重普及与创新结合、理论与实践结合,凸现可读性与实用性,以图农民朋友于日常生活的一点一滴中切实体会到法的不可或缺,进而成为法制社会的主人。

本丛书由人大、政府、司法、高等院校法学院、律师事务所、仲裁委等部门的百余名法学教授、专家、司法工作者参与撰写。在编写过程中,甘肃省法学会和甘肃文化出版社多次组织丛书编纂工作座谈会,就选题优化、编纂体例、内容安排、写作方式等反复斟酌,多方交流,使丛书的主旨清晰突出,内容紧凑新颖。各位专家学者怀着对父老乡亲的深厚情意,满腔热情、义无反顾地投入编写工作,以高度的责任感和严谨审慎的专业精神,完成了各分册的编撰。全套丛书分为宪法、行政法、民法、商法、婚姻法、经济法、刑法、生态环境与自然环境法、知识产权法、社会法、诉讼法、法理学等十二个门类,体系完整,内容丰富,真正体现了为农民所想、为农民所用的编写思路,出版后,期望能成为广大农民读者系统学习法律知识、正确运用法律工具的基础性读物。

本丛书在出版过程中,省委政法委、省新闻出版局给予高度关注和热情支持,省委常委、省委政法委书记罗笑虎亲作总序,甘肃省新闻出版局局长张余胜亲任编委会主任与总主编,省委政法委副书记杨景海、省委宣传部副部长管钰年,省新闻出版局副局长李玉政、汪晓军、袁爱华,纪检组长赵莉、副巡视员文斌虎,省法学会秘书长相连生,以及省新闻出版局罗和平、梁辉、卢旺存、刘伟、邢玮、雷建宏等同志,对丛书的立项和出版给予了精心指导和大力支持,有力保障了这一出版项目的顺利实施。

甘肃文化出版社社长兼总编辑谢国西策划了这套丛书,并和省法学会学术委员会主任、兰州大学法学院李功国教授共同担纲丛书的执行主编。二位精心设计了编写思路,拟订了编写体例,统筹制订了出版计划。李功国教授不辞辛劳,约请了所有作者,并与各位作者商讨敲定了各分册的内容结构,精心组织了书稿的撰写,审阅了丛书

后 记

全部初稿。甘肃文化出版社副总编车满宝、副社长管卫中作为丛书的执行副主编,谋篇审稿,严格把关,保证了丛书出版工作有条不紊地开展;副社长王奕、副总编温雅莉在组织协调、装帧设计、印制质检等方面做了一系列卓有成效的工作;编辑郧军涛负责了整套丛书的编务工作,并与周乾隆、王天芹等查缺补漏,校正错讹,保证了丛书的高质量、高品位。正是这些同志的共同努力,使这套规模宏大、严谨周密的法律读本如期面世。

法律是农民权利的基本保障,以法律解决"三农"问题,是法治国家的内在要求;普法教育更是全面建设小康社会的"第一堂课",新农村之"新",关键也就在于通过普法,把农民重新植入新的法制环境中,保障农村、农业获得更多的发展空间与发展动力。愿这套丛书能让"依法治农"思想真正融入农民的精神世界,能引导农民群众懂法、守法、用法,达到"送法进万家、老少齐知法"的目的!愿法治之魂永存,和谐之风常在!

《农家书屋文库·法律系列》编委会

《农家书屋文库·法律系列》总书目

书　名	定价（估）
1.《我国农业立法与种植业、养殖业》	26.00 元
2.《"三农"问题与法律调整》	23.00 元
3.《农村干部法律读本》	21.00 元
4.《新农村建设与法律促进》	19.00 元
5.《科技立法与农村科技进步》	23.00 元
6.《法与农民生活》	19.00 元
7.《传媒下乡的理与法》	19.00 元
8.《中国传统法律文化今读》	21.00 元
9.《中国法制史话》	17.00 元
10.《涉农典型案例评析》	24.00 元
11.《证据说话一百问》	17.00 元
12.《宪法与农民生活》	19.00 元
13.《县乡政权和村民自治》	21.00 元
14.《甘肃省地方性法规涉农规定解读》	23.00 元
15.《少数民族权益保护实用读本》	19.00 元
16.《依法行政与农民生活》	19.00 元
17.《农村教育制度与问题答疑》	23.00 元
18.《农村医疗卫生法律指导》	19.00 元
19.《农村社会治安综合治理》	21.00 元
20.《行政争议解决及国家救济途径》	17.00 元
21.《民法,农民生活日用之法》	24.00 元
22.《土地物权与农民生活》	19.00 元
23.《农村土地及房产维权指南》	21.00 元
24.《农村合同法律实务》	21.00 元
25.《企业法与公司法二百问》	23.00 元
26.《农村电子商务法律问题》	19.00 元

27.《农村民事侵权与损害赔偿读本》　　　　17.00 元
28.《农民工权益保护实用读本》　　　　　　19.00 元
29.《民事诉讼法与农民生活》　　　　　　　23.00 元
30.《农村婚姻家庭》　　　　　　　　　　　17.00 元
31.《夫妻财产权法律指导》　　　　　　　　17.00 元
32.《计划生育与农民生育权》　　　　　　　28.00 元
33.《继承法与农民生活》　　　　　　　　　21.00 元
34.《知识产权与农业现代化》　　　　　　　17.00 元
35.《农民与知识产权》　　　　　　　　　　21.00 元
36.《特色农产品法律保护》　　　　　　　　19.00 元
37.《西部生态环境与法制》　　　　　　　　17.00 元
38.《农村生态环境保护法律读本》　　　　　24.00 元
39.《农民用水权益法律保护》　　　　　　　21.00 元
40.《民间谚语中的法律观念》　　　　　　　17.00 元
41.《农民林权保护实用读本》　　　　　　　21.00 元
42.《农牧区草原湿地法律保护》　　　　　　17.00 元
43.《农村常见犯罪与刑事处罚》　　　　　　23.00 元
44.《侵犯财产犯罪知识问答》　　　　　　　21.00 元
45.《农村人身犯罪与刑罚》　　　　　　　　21.00 元
46.《农村社会稳定与群众工作读本》　　　　19.00 元
47.《刑事诉讼程序》　　　　　　　　　　　19.00 元
48.《农村金融法律实务》　　　　　　　　　21.00 元
49.《银行法与农民生活》　　　　　　　　　23.00 元
50.《农村税收实务问答》　　　　　　　　　23.00 元
51.《农村社会保障实务问答》　　　　　　　17.00 元
52.《产品质量维权知识问答》　　　　　　　17.00 元
53.《农村常见劳动纠纷与解决》　　　　　　19.00 元
54.《农村用工制度读本》　　　　　　　　　17.00 元
55.《农村文化建设的法治之路》　　　　　　21.00 元
56.《农村公共安全知识问答》　　　　　　　23.00 元
57.《农村校园问题法律解读》　　　　　　　19.00 元
58.《仲裁法律知识读本》　　　　　　　　　21.00 元
59.《农村律师法律知识指导》　　　　　　　21.00 元
60.《司法鉴定知识问答》　　　　　　　　　19.00 元

图书在版编目（CIP）数据

继承法与农民生活/王雅霖编著.—兰州：甘肃文化出版社，2009.3
（农家书屋文库·法律系列）
ISBN 978-7-80714-878-4

I.继… Ⅱ.王… Ⅲ.继承法-中国-问答 Ⅳ.D923.55

中国版本图书馆CIP数据核字（2009）第045947号

继承法与农民生活

王雅霖　编著

责任编辑：周乾隆
责任校对：周　原
封面设计：锐园设计

出　　版：	甘肃文化出版社
地　　址：	兰州市曹家巷1号
邮　　编：	730030
营　　销：	甘肃文化出版社发行部（0931）8454870
排　　版：	天水新华印刷厂
印　　刷：	天水新华印刷厂
地　　址：	天水市秦州区赤峪路109号
邮　　编：	741001
开　　本：	850×1168毫米　1/16
字　　数：	135千
印　　张：	11.25
版　　次：	2009年9月第1版
印　　次：	2009年9月第1次
书　　号：	ISBN 978-7-80714-878-4
定　　价：	21.00元

本书如存在印装质量问题，请与印厂联系调换
版权所有　违者必究